MP3 다운로드 방법

컴퓨터에서

- 네이버 블로그 주소란에 **www.lancom.co.kr** 입력 또는 네이버 블로그 검색창에 **랭컴**을 입력하신 후 다운로드

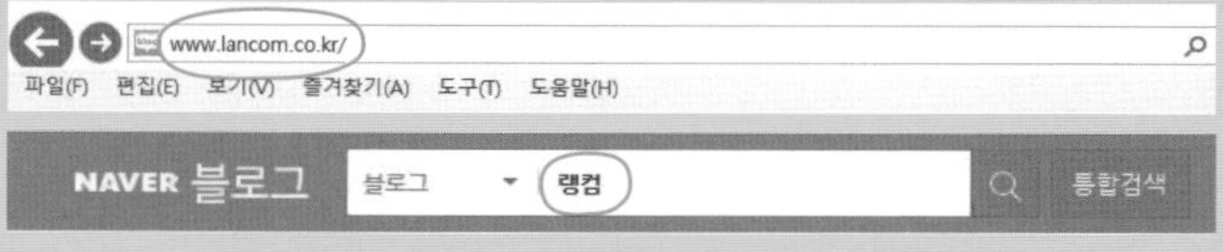

- **www.webhard.co.kr**에서 직접 다운로드
  아이디 : **lancombook**
  패스워드 : **lancombook**

스마트폰에서

콜롬북스 앱을 통해서 본문 전체가 녹음된 **MP3** 파일을 **무료**로 **다운로드**할 수 있습니다.

- 구글플레이 · 앱스토어에서 **콜롬북스 앱** 다운로드 및 설치
- 이메일로 회원 가입 → **도서명** 또는 **랭컴** 검색 → **MP3 다운로드**

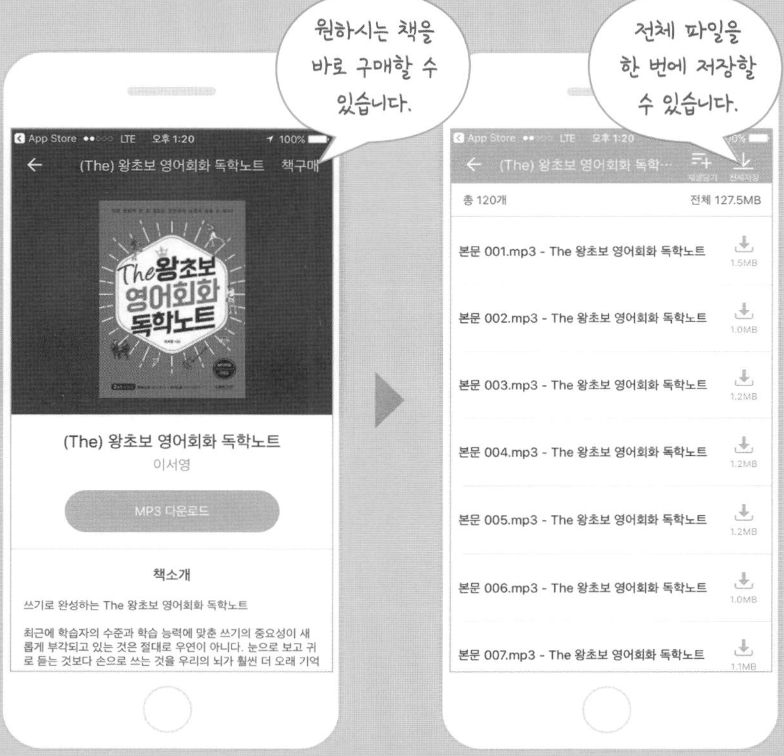

쓰면서 말하는 **영어회화 워크북**

쓰면서 말하는 **영어회화 워크북**

2019년 12월 05일 초판 1쇄 인쇄
2019년 12월 10일 초판 1쇄 발행

지은이 이서영
발행인 손건
편집기획 김상배, 장수경
마케팅 이언영
디자인 이성세
제작 최승용
인쇄 선경프린테크

발행처 ***LanCom*** 랭컴
주소 서울시 영등포구 영신로38길 17
등록번호 제 312-2006-00060호
전화 02) 2636-0895
팩스 02) 2636-0896
홈페이지 www.lancom.co.kr

ISBN 979-11-89204-53-2 13740

쓰면서 말하는

영어 회화 워크북

이서영 지음

LanCom
Language & Communication

들어가며

영어가 중요하지 않았던 적이 이제껏 한 번이라도 있었을까마는 최근에는 인터넷 상에서 정보나 지식을 공유하기 위한 의사소통의 수단으로서 영어의 중요성이 더욱 부각되고 있습니다. 이제까지 회화라고 하면 그저 많이 듣고 많이 따라 말하면 되는 줄 알았지만 이제 시간만 낭비하는 헛된 노력은 그만!

학습자의 수준과 학습 능력에 맞춘 쓰기의 중요성이 새롭게 부각되고 있는 것은 절대로 우연이 아닙니다. 눈으로 보고 귀로 듣는 것보다 손으로 쓰는 것을 우리의 뇌가 훨씬 더 오래 기억한다는 것은 누구나 다 아는 사실!
손으로 베껴 쓰는 것만으로도 학습 효과가 훨씬 높아진다는 거죠. 게다가 더 중요한 것은 베껴 쓰는 동안 모범이 되는 문장의 형태를 자기도 모르게 분석하고 모방하게 된다는 거예요. 영어 문장의 구성을 좀 더 구체적으로 익히고 분석하고 체화하게 된다는 거죠. 이 책에서는 4단계 학습법을 제안합니다.

1. 눈으로 읽으면서
2. 귀로 듣고
3. 손으로 쓰면서
4. 입으로 소리 내어 말한다

학습 효과를 최대화하기 위해서 문장의 뼈대를 이루는 가장 단순한 형태의 기본형 문장들로 구성하고자 노력했습니다. 기본형 문장을 익히는 것은 초보 단계의 학습자들에게 가장 필요한 과정이기도 하고, 기본형 문장을 통째로 외우면 살을 붙여 응용할 수 있게 된다는 장점이 있습니다.
초보 단계의 학습자들이 지금 당장은 언어 능력이 부족하더라도 영어 낱말, 어구, 문장을 눈으로 보고 듣고 말하고 베껴 쓰는 과정을 시작으로 점점 자신의 생각과 느낌, 경험을 영어로 표현하는 수준까지 올라가는 것을 목표로 합니다.

1. 문장의 뼈대가 되는 기본형을 익힙니다.

외국어 학습에서 기본형을 익히는 것은 필수 과정입니다. 기본형은 가장 단순한 형태이기 때문에 암기하기도 쉽고 문장의 기본 구조를 익히는 데 중요한 역할을 합니다. 일상생활에서 가장 많이 쓰는 기본 표현과 외국여행을 갔을 때, 외국 사람을 만났을 때 꼭 필요한 표현 100개를 모아 활용하기 쉽게 정리했습니다.

2. 상황에 따라 바로 찾아 쓸 수 있습니다.

일상생활에서 일어날 수 있는 다양한 상황에 맞춰 바로 사용할 수 있도록 기본 문장을 6개씩 모아 놓았습니다. 고마울 때, 미안할 때 등의 감정 표현을 비롯하여 길을 묻고 대답할 때, 교통수단을 이용할 때, 병원이나 약국에서, 미용실에서, 편의점에서 쓸 수 있는 표현들을 필요할 때마다 바로 찾아 바로 쓸 수 있습니다. 영어를 읽는 것 자체가 걱정이라구요? 그런 분들을 위해서 한글 발음을 달아 놓았습니다. '아, 촌스럽게 뭐 이런 걸 달아놨어!' 투덜거리면서 이용하세요^^

3. 체화를 위한 충분한 연습 공간

이 책은 기본서이자 곧 워크북이기도 합니다. 영어 공부는 쓰기로 완성된다는 말도 있는 것처럼 영어 공부에서 쓰기는 굉장히 중요합니다. 기본 표현 바로 맞쪽에 쓰면서 회화를 익힐 수 있도록 노트 부분을 마련하였습니다. 보고 듣고 쓰고 말하기를 꾸준히 반복하다 보면 다양한 문장 유형들을 빠르게 익힐 수 있고, 읽기 능력과 쓰기 능력도 함께 향상됩니다. 베껴쓰기로 시작된 영작은 어느새 수동적인 영어 학습자를 능동적인 영어 학습자로 바꾸어 자기의 생각을 자연스럽게 영어로 표현하게 할 것입니다.

알파벳과 단어 읽는 법

ㄱ + ㅐ → 개

[기역 애] [개]

d + o + g → dog

[디 오 지] [독]

우리말에 '개'를 '기역, 애'라고 따로 떼어서 읽지 않듯이 영어에서도 dog을 '디, 오, 지'라고 읽지 않고 '독'이라고 읽습니다.

알파벳은 '소리'를 나타내는 문자입니다. 그러므로 '문자 그 자체'를 읽는 것이 아니라, 그 문자가 '단어의 일부 되었을 때 읽는 법'을 아는 것이 매우 중요합니다. 즉, 우리말에서 ㄱ, ㄴ, ㄷ, ㄹ... 등의 자음과 ㅏ, ㅑ, ㅓ, ㅕ, ㅗ, ㅛ... 등의 모음이 합쳐져 하나의 음절을 이루고, 그 음절이 모여 단어가 되듯이 영어도 위의 예처럼 마찬가지입니다.

모음

A a	E e	I i	O o	U u
map [맵] 지도	**pen** [펜] 펜	**sit** [씻] 앉다	**toy** [토이] 장난감	**cup** [컵] 컵

자음

B b	**boy** [보이] 소년	C c	**cat** [캣] 고양이	D d	**duck** [덕] 오리
F f	**fish** [피쉬] 물고기	G g	**girl** [걸] 소녀	H h	**hat** [햇] 모자
J j	**jelly** [젤리] 젤리	K k	**king** [킹] 왕	L l	**lion** [라이언] 사자
M m	**money** [머니] 돈	N n	**name** [네임] 이름	P p	**pig** [피그] 돼지
Q q	**queen** [퀸] 여왕	R r	**rock** [락] 바위	S s	**sun** [썬] 태양
T t	**tiger** [타이거] 호랑이	V v	**vase** [베이스] 꽃병	W w	**window** [윈도우] 창문
X x	**box** [박스] 박스	Y y	**yellow** [옐로우] 노랑	Z z	**zoo** [주] 동물원

다음 알파벳은 위의 소릿값과 다르게 읽는 경우도 있습니다.

C c	**city** [씨티] 도시	G g	**orange** [오린지] 오렌지	S s	**rose** [로즈] 장미

이 책의 내용

PART 01 인사 · 감정 · 의사 표현

PART 02

화제 · 취미 · 여가 표현

PART 03

일상생활 · 여행 표현

PART 04 전화 · 사교 · 긴급 표현

이제 회화책 한 권 정도는
만만하게 쓰면서 말할 수 있다.

PART

01

인사 · 감정 · 의사 표현

001 일상적으로 인사할 때

의미 확인하면서 읽기

듣기

안녕하세요! (아침인사)

Good morning!

굿 모닝

안녕하세요! (낮인사)

Good afternoon!

굿 애프터눈

안녕하세요! (밤인사)

Good evening!

굿 이브닝

안녕히 주무세요!

Good night!

굿 나잇

밤 인사

안녕하세요! / 안녕!

Hello! / Hi!

헬로우 / 하이

가장 많이 쓰는 일반적인 인사

좋은 하루 되세요.

Have a nice day!

햅 어 나이스 데이

하루를 잘 보내라고 격려하는 인사 표현

학습일 /

세 번 쓰고 외우기

말하기

Good morning!

Good afternoon!

Good evening!

Good night!

Hello! / Hi!

Have a nice day!

Conversation

A: Good morning, Tom.
B: Good morning, Jane.

안녕하세요. 톰.
안녕하세요. 제인.

002 근황을 물을 때

의미 확인하면서 읽기

듣기

어떻게 지내셨어요?

How have you been?

하우 햅 유 빈

오랜만에 만난 사람에게 건네는 인사

어떻게 지내세요?

How are you doing?

하우 아 유 두잉

요즘 어때요?

How's everything?

하우즈 애브리씽

뭐 새로운 소식 있어요?

What's new?

왓츠 뉴

친구 사이에 편하게 하는 인사

별일 없어요?

What's going on?

왓츠 고우잉 온

가족분들은 잘 지내시죠?

How's your family?

하우즈 유어 패밀리

family 가족

학습일 /

세 번 쓰고 외우기

말하기

How have you been?

How are you doing?

How's everything?

What's new?

What's going on?

How's your family?

Conversation

A: Hi, Tom. How's it going?
B: Pretty good. And you?
안녕, 톰. 어떻게 지내세요?
아주 잘 지내요. 당신은요?

003

처음 만났을 때

의미 확인하면서 읽기

듣기

만나서 반갑습니다.

I'm glad to meet you.

아임 글랫 투 밋 유

meet 만나다

저 역시 만나서 반갑습니다.

Glad to meet you, too.

글랫 투 밋 유, 투

glad 기쁜, 반가운

만나서 기뻐요.

Nice to meet you.

나이스 투 밋 유

nice 좋은, 즐거운

만나서 반가워요.

Good to meet you.

굿 투 밋 유

만나서 기뻐요.

It's a pleasure to meet you.

잇츠 어 프레줘 투 밋 유

pleasure 기쁨, 즐거움

말씀은 많이 들었습니다.

I've heard a lot about you.

아이브 허드 어 랏 어바웃 유

hear about ~에 대해 듣다

학습일 /

세 번 쓰고 외우기

말하기

I'm glad to meet you.

Glad to meet you, too.

Nice to meet you.

Good to meet you.

It's a pleasure to meet you.

I've heard a lot about you.

Conversation

A: Hi, I'm Jane. Nice to meet you.
B: Hi, Jane, Pleasure to meet you. I'm Tom.

안녕하세요, 제인이에요. 만나서 반가워요.
안녕하세요, 제인. 만나서 기뻐요. 난 톰이에요.

004 오랜만에 만났을 때

의미 확인하면서 읽기

듣기

오랜만이에요.

It's been a long time.

잇츠 빈 어 롱 타임

long 긴

정말 오랜만이에요.

It's been so long.

잇츠 빈 쏘 롱

오랜만이야.

Long time no see.

롱 타임 노우 씨

see 보다, 만나다

그동안 어떻게 지내셨어요?

How have you been?

하우 햅 유 빈

오랜만이네요, 그렇죠?

It's been a long time, hasn't it?

잇츠 빈 어 롱 타임, 해즌ㅌ 잇

다시 만나니 반가워요.

I'm glad to see you again.

아임 글랫 투 씨 유 어겐

again 다시

학습일 /

세 번 쓰고 외우기

말하기

It's been a long time.

It's been so long.

Long time no see.

How have you been?

It's been a long time, hasn't it?

I'm glad to see you again.

Conversation

A: It's nice to see you again! It's been ages.
B: Same here, Jane. How have you been?

다시 만나서 반가워요. 오랜만이에요.
저도요, 제인. 그동안 어떻게 지내셨어요?

005

우연히 만났을 때

의미 확인하면서 읽기

듣기

웬일이니!

What a surprise!

왓 어 서프라이즈

surprise 뜻밖의 일, 놀라움

이게 누구야!

Look who's here!

룩 후즈 히어

세상 정말 좁군요.

What a small world!

왓 어 스몰 월드

small 작은

여긴 어쩐 일이세요?

What brings you here?

왓 브링스 유 히어

bring 가져오다, 데려오다

당신을 이런 곳에서 만나다니 대박!

Fancy meeting you here!

팬시 미팅 유 히어

fancy 충격적일 정도로 놀랍다

(보고 싶던 참이었는데) 마침 잘 만났어요.

Just the person I wanted to see!

저슷 더 퍼슨 아이 원팃 투 씨

person 사람

학습일
/

세 번 쓰고 외우기

말하기

What a surprise!

Look who's here!

What a small world!

What brings you here?

Fancy meeting you here!

Just the person I wanted to see!

Conversation

A: Look who's here! How are you, Jane?
B: Just fine, Tom. Good to see you again.

아니 이게 누구야! 잘 있었어, 제인?
잘 지내죠, 톰. 다시 만나 반가워요.

006 헤어질 때

의미 확인하면서 읽기

듣기

안녕히 가세요(계세요)!

Good Bye!

굿 바이

몸조심하세요.

Take care of yourself.

테익 케어 업 유어셀프

take care of …에 조심하다, 신경을 쓰다

나중에 봐요.

See you later.

씨 유 래이러

later 나중에

또 봐요.

See you around.

씨 유 어라운

곧 다시 만나요.

See you again soon.

씨 유 어겐 쑨

soon 곧, 금방

브라운에게 안부 전해 줘요.

Say hello to Brown.

쎄이 헬로우 투 브라운

say hello (to) (…에게) 안부를 전하다

학습일 /

세 번 쓰고 외우기

말하기

Good Bye!

Take care of yourself.

See you later.

See you around.

See you again soon.

Say hello to Brown.

A: Good bye, Jane. Say hello to Tom.
B: I will. Say hello to Dick, too.

잘 있어, 제인. 톰에게 안부 전해줘.
그렇게. 딕에게도 내 안부 전해줘.

007 고마울 때

의미 확인하면서 읽기

듣기

고마워요.

Thank you. / Thanks.

땡큐 / 땡스

너무 고마워요.

Thanks a lot.

땡스 어 랏

진심으로 감사드립니다.

I heartily thank you.

아이 하틀리 땡큐

heartily 진심으로

와 주셔서 감사합니다.

Thank you for coming.

땡큐 포 커밍

thank you for ~에 대해 감사하다

호의에 감사드립니다.

I appreciate your kindness.

아이 어프리시에잇 유어 카인드니스

appreciate 감사하다(thank보다 더 깊고 격조 있는 감사 표현)

도와주셔서 감사합니다.

Thank you for helping me.

땡큐 포 헬핑 미

학습일 /

세 번 쓰고 외우기

말하기

Thank you. / Thanks.

Thanks a lot.

I heartily thank you.

Thank you for coming.

I appreciate your kindness.

Thank you for helping me.

Conversation

A: Thank you for helping me.
B: You're welcome.

도와주셔서 고맙습니다.
천만에요.

008 미안할 때

의미 확인하면서 읽기

듣기

정말 죄송해요.

I'm very sorry.

아임 베리 쏘리

미안해요, 괜찮으세요?

Sorry, are you all right?

쏘리, 아 유 올 라잇

사과드립니다.

I apologize to you.

아이 어팔러자이즈 투 유

apologize 사과하다

용서해 주십시오.

Please forgive me.

플리즈 포깁 미

forgive 용서하다

늦어서 미안해요.

I'm sorry for being late.

아임 쏘리 포 빙 레이트

late 늦은

제가 한 말에 대해 사죄드립니다.

I apologize for what I said.

아이 어팔러자이즈 포 워라이 셋

학습일 /

세 번 쓰고 외우기

말하기

I'm very sorry.

Sorry, are you all right?

I apologize to you.

Please forgive me.

I'm sorry for being late.

I apologize for what I said.

Conversation

A: I'm sorry I'm late.

B: That's all right.

늦어서 죄송해요,

괜찮아요.

009 축하할 때

의미 확인하면서 읽기

듣기

축하합니다!

Congratulations!

컨그레츌레이션스

생일 축하해요.

Happy birthday to you!

해피 벌스데이 투 유

birthday 생일

결혼을 축하해요.

Congratulations on your wedding!

컨그레츌레이션스 온 유어 웨딩

성공을 축하드립니다.

Congratulations on your success.

컨그레츌레이션스 온 유어 썩세스

success 성공

우리의 승리를 자축합시다.

Let's celebrate our victory!

렛츠 샐러브레잇 아워 빅토리

victory 승리

늦었지만 생일 축하해요.

It's late, but happy birthday!

잇츠 레잇, 벗 해피 벌스데이

학습일 /

세 번 쓰고 외우기

말하기

Congratulations!

Happy birthday to you!

Congratulations on your wedding!

Congratulations on your success.

Let's celebrate our victory!

It's late, but happy birthday!

Conversation

A: I am happy. I just heard I passed my exam.

B: Congratulations!

행복해. 방금 내가 시험에 합격했다고 들었어.

축하해!

010

환영할 때

의미 확인하면서 읽기

듣기

환영합니다!

Welcome!

웰컴

돌아오신 걸 환영합니다.

Welcome back.

웰컴 백

입사를 환영합니다.

Welcome aboard.

웰컴 어보드

승객들이나 단체에 새로 들어온 사람 등에게 하는 말

한국에 오신 것을 환영합니다.

Welcome to Korea.

웰컴 투 코리어

아무 때나 오세요.

You are welcome at any time.

유 아 웰컴 앳 애니 타임

at any time 언제라도, 아무때나

진심으로 환영합니다.

I welcome you with my whole heart.

아이 웰컴 유 윗 마이 호울 하트

학습일 /

세 번 쓰고 외우기

말하기

Welcome!

Welcome back.

Welcome aboard.

Welcome to Korea.

You are welcome at any time.

I welcome you with my whole heart.

Conversation

A: I'm Jane White. I'm the new recruit here.

B: Hi, Jane. Welcome aboard! I'm Paul Brown.

제인 화이트입니다. 신입사원이에요.

안녕하세요, 제인. 입사를 환영합니다.
저는 폴 브라운이에요.

001 - 005 대화 연습

앞에서 배운 대화 내용입니다. 빈 칸을 채워보세요. 기억이 잘 안 난다고요? 걱정마세요. >>

001

A: ______________________________, Tom.

B: Good morning, Jane.

안녕하세요. 톰.

안녕하세요. 제인.

002

A: Hi, Tom. ____________________________?

B: Pretty good. And you?

안녕, 톰. 어떻게 지내세요?

아주 잘 지내요. 당신은요?

003

A: Hi, I'm Jane. ______________________________.

B: Hi, Jane, Pleasure to meet you. I'm Tom.

안녕하세요, 제인이에요. 만나서 반가워요.

안녕하세요, 제인. 만나서 기뻐요. 난 톰이에요.

004

A: It's nice to see you again! __________________________.

B: Same here, Jane. How have you been?

다시 만나서 반가워요. 오랜만이에요.

저도요, 제인. 그동안 어떻게 지내셨어요?

005

A: _________________________________! How are you, Jane?

B: Just fine, Tom. Good to see you again.

아니 이게 누구야! 잘 있었어, 제인?

잘 지내죠, 톰. 다시 만나 반가워요.

>> 녹음이 있잖아요. 녹음을 듣고 써보세요. 장답은 각각의 유닛에서 확인하세요.

006

A: ________________________, Jane. Say hello to Tom.

B: I will. Say hello to Dick, too.

잘 있어, 제인. 톰에게 안부 전해줘.
그럴게. 딕에게도 내 안부 전해줘.

007

A: Thank you for helping me.

B: ____.

도와주셔서 고맙습니다.
천만에요.

008

A: _________________________________ I'm late.

B: That's all right.

늦어서 죄송해요,
괜찮아요.

009

A: I am happy. I just heard I passed my exam.

B: ____!

행복해. 방금 내가 시험에 합격했다고 들었어.
축하해!

010

A: I'm Jane White. I'm the new recruit here.

B: Hi, Jane. _______________________________! I'm Paul Brown.

저는 제인 화이트예요. 여기 신입사원이에요.
안녕하세요, 제인. 입사를 환영합니다. 저는 폴 브라운이에요.

011

행운을 빌 때

의미 확인하면서 읽기

듣기

행운을 빌게요.

Good luck to you.

굿 럭 투 유

luck 좋은 운, 행운

신의 축복이 있기를!

God bless you!

갓 블레스 유

bless (신의) 가호[축복]를 빌다

성공을 빕니다.

May you succeed!

메이 유 석씨드

succeed 성공하다

행복하길 빌겠습니다.

I hope you'll be happy.

아이 홉 유일 비 해피

wish는 일어나기 힘든 미래 상황에, hope는 일어날 만한 미래 상황에 쓴다

새해 복 많이 받으세요.

Happy new year!

해피 뉴 이어

즐거운 크리스마스 보내세요.

Merry Christmas!

메리 크리스머스

학습일 /

세 번 쓰고 외우기

말하기

Good luck to you.

God bless you!

May you succeed!

I hope you'll be happy.

Happy new year!

Merry Christmas!

Conversation

A: Good-bye, Jane. Good luck!

B: Thanks. You, too!

잘가요, 제인. 행운을 빌어요.

고마워요. 당신도요!

012 기쁘거나 즐거울 때

의미 확인하면서 읽기

듣기

기뻐요!

I'm happy!

아임 해피

정말 기분 좋아요.

It really feels great.

잇 리얼리 필스 그레잇

really 정말로 feel 느끼다

당신 때문에 행복해요.

I'm happy for you.

아임 해피 포 유

오늘 기분이 완전 최고예요.

I'm so happy today.

아임 쏘 해피 투데이

당신과 함께 있으면 즐겁습니다.

You're fun to be around.

유아 펀 투 비 어라운

멋질 것 같아요!

That would be nice!

댓 우드 비 나이스

학습일 /

세 번 쓰고 외우기

말하기

I'm happy!

It really feels great.

I'm happy for you.

I'm so happy today.

You're fun to be around.

That would be nice!

Conversation

A: Tom, I'm walking on air now.

B: What makes you so happy, Jane?

톰, 전 지금 정말 기분이 좋아요.

뭐가 그렇게 좋아요, 제인?

013 화날 때

의미 확인하면서 읽기

듣기

미치겠네!

Drive me nuts!

드라입 미 넛츠

말도 안돼(끔찍해).

That's awful!

댓츠 오플

awful 끔찍한, 지독한

충격이다!

I'm so mad!

아임 쏘 맷

furious 몹시 화가 난

더 이상은 못 참아.

I can't stand any more.

아이 캔ㅌ 스탠 애니 모어

can stand 견뎌내다, 이겨내다

그만 좀 해.

That is enough.

댓 이즈 이넙

enough 충분한

열 받게 하네!

That burns me up!

댓 번스 미 업

burn (불이) 타오르다

학습일

세 번 쓰고 외우기

말하기

Drive me nuts!

That's awful!

I'm so mad!

I can't stand any more.

That is enough.

That burns me up!

Conversation

A: Are you still mad at me?
B: It's okay now, I understand.

아직도 나한테 화났어요?
이제 괜찮아요. 이해합니다.

014 슬프거나 외로울 때

의미 확인하면서 읽기

듣기

우울해요.

I'm depressed.

아임 디프레스트

depressed (기분이) 우울한[암울한]

외로워요.

I'm lonely.

아임 로운리

lonely 외로운, 쓸쓸한

비참해요.

I feel miserable.

아이 필 미저러블

miserable 비참한

기분이 별로예요(좋지 않아요).

I feel bad.

아이 필 뱃

in a good mood 기분이 좋은

울고 싶은 심정이에요.

I feel like crying.

아이 필 라익 크라잉

앞날이 캄캄해요.

I have no hope for my future.

아이 햅 노우 홉 포 마이 퓨처

future 미래

학습일 /

세 번 쓰고 외우기

말하기

I'm depressed.

I'm lonely.

I feel miserable.

I feel bad.

I feel like crying.

I have no hope for my future.

Conversation

A: I hate the sad ending.

B: So do I.

난 새드 앤딩은 싫어요.

나도 그래요.

015 놀랍거나 무서울 때

의미 확인하면서 읽기

듣기

정말 놀랍군요!

How surprising!

하우 서프라이징

surprising 놀라운, 놀랄

훌륭하네요!

That's great!

댓츠 그레잇

정말이야(진심이야)?

Are you serious?

아 유 시리어스

serious 심각한, 진지한

믿을 수 없어!

That's incredible!

댓츠 인크레더블

incredible 믿을 수 없는, 믿기 힘든

정말 놀랍지 않아요?

That's amazing, isn't it?

댓츠 어메이징, 이즌 잇

amazing (감탄스럽도록) 놀라운

난 새로운 변화가 두려워요.

I'm afraid of new changes.

아임 어프레이드 업 뉴 체인지즈

학습일 /

세 번 쓰고 외우기

말하기

How surprising!

That's great!

Are you serious?

That's incredible!

That's amazing, isn't it?

I'm afraid of new changes.

Conversation

A: Let's go into the water.
B: I can't. I'm afraid of water.

물속으로 들어가자.
난 못해. 난 물이 무서워.

016 걱정하거나 위로할 때

의미 확인하면서 읽기

듣기

우울해 보이네요.

You look down.

유 룩 다운

무슨 일이세요?

What's wrong?

왓츠 롱

wrong 틀린, 잘못된

뭐가 잘못됐나요?

Is anything wrong?

이즈 애니씽 롱

걱정하지 마세요.

Don't worry.

돈ㅌ 워리

worry 걱정하다

걱정할 것 없어요.

You have nothing to worry about.

유 햅 낫씽 투 워리 어바웃

worry about ~에 대해 걱정하다

너무 심각하게 받아들이지 마세요.

Don't take it seriously.

돈ㅌ 테익 잇 시리어슬리

학습일 /

세 번 쓰고 외우기

말하기

You look down.

What's wrong?

Is anything wrong?

Don't worry.

You have nothing to worry about.

Don't take it seriously.

Conversation

A: What's wrong with you? You look so down today.
B: I failed the English exam again.

왜 그래? 오늘 너무 우울해 보이네.
영어시험을 또 낙제했거든요.

017 감탄하거나 칭찬할 때

의미 확인하면서 읽기

듣기

대단하군요!

Great!

그레잇

잘 하시는군요.

You're doing well!

유아 두잉 웰

정말 훌륭하군요!

How marvelous!

하우 말버러스

marvelous 놀라운, 믿기 어려운, 신기한

패션 감각이 뛰어나시군요.

You have an eye for fashion.

유 햅 언 아이 포 패션

시험을 참 잘 봤네.

You did a good job on your exams.

유 딧 어 굿 잡 온 유어 이그잼스

exam 시험

과찬의 말씀입니다.

I'm so flattered.

아임 쏘 플래터드

be/feel flattered (어깨가) 으쓱해지다

학습일 /

세 번 쓰고 외우기

말하기

Great!

You're doing well!

How marvelous!

You have an eye for fashion.

You did a good job on your exams.

I'm so flattered.

Conversation

A: It looks very good on you.
B: Thanks for your compliment.

참 잘 어울리는군요.
칭찬해 주시니 감사합니다.

018 사람을 부를 때

의미 확인하면서 읽기

듣기

여보세요.

Hello. / Hi.

헬로우 / 하이

이봐, 자네!

Hey, you!

헤이, 유

저기요.

Waiter! / Waitress!

웨이터 / 웨이트리스

식당에서 웨이터를 부를 때

저(잠깐만요).

Listen. / Look here.

리슨 / 룩 히어

저, 여보세요?

Excuse me, sir?

익스큐즈 미, 써

모르는 남성을 부를 때

저, 여보세요?

Excuse me, ma'am?

익스큐즈미, 맴

모르는 여성을 부를 때

학습일 /

세 번 쓰고 외우기

말하기

Hello. / Hi.

Hey, you!

Waiter! / Waitress!

Listen. / Look here.

Excuse me, sir?

Excuse me, ma'am?

Conversation

A: Excuse me, ma'am. I think you dropped this.
B: Oh, thanks a lot.

저기요, 아주머니. 이거 떨어뜨리신 것 같아요.
어머, 고마워요.

019 맞장구칠 때

의미 확인하면서 읽기

듣기

그래요?

Is that so?

이즈 댓 쏘

맞아요.

Right.

라잇

알겠어요.

I see.

아이 씨

see에는 '알다, 이해하다, 판단하다'라는 의미도 있다

그거 좋군요.

That's good.

댓츠 굿

아니오, 그렇게 생각지 않아요.

No, I don't think so.

노, 아이 돈ㅌ 씽 쏘

think 생각하다

참 안됐네요.

That's too bad.

댓츠 투 뱃

bad 안 좋은, 불쾌한, 나쁜

학습일
/

세 번 쓰고 외우기

말하기

Is that so?

Right.

I see.

That's good.

No, I don't think so.

That's too bad.

Conversation

A: I'm proud of my job.
B: Are you?

난 내 직업에 자부심이 있어요.
그래요?

020 되물을 때

의미 확인하면서 읽기

듣기

뭐라고요?

Excuse me?

익스큐즈 미

뭐라고?

What?

왓

친구들 사이에서 가볍게 쓸 수 있는 표현이다

다시 말씀해 주시겠어요?

Beg your pardon?

백 유어 파든

원래는 I beg your pardon?인데 그냥 Pardon?이라고만 해도 된다

다시 한 번 말씀해 주십시오.

Please say that again.

플리즈 쎄이 댓 어겐

뭐라고 했지?

You said what?

유 쎄드 왓

친구들 사이에서 쓰는 가벼운 표현이다

방금 뭐라고 말씀하셨죠?

What did you say just now?

왓 디쥬 쎄이 저슷 나우

세 번 쓰고 외우기

학습일 /

말하기

Excuse me?

What?

Beg your pardon?

Please say that again.

You said what?

What did you say just now?

Conversation

A: I'm going to New York next week.
B: Going where?

다음 주에 뉴욕에 갈 거야.
어디에 간다고?

011 - 015 대화 연습

앞에서 배운 대화 내용입니다. 빈 칸을 채워보세요. 기억이 잘 안 난다고요? 걱정마세요. >>

011

A: **Good-bye, Jane. ____________________!**

B: **Thanks. You, too!**

잘가요, 제인. 행운을 빌어요.

고마워요. 당신도요!

012

A: **Tom, ____________________________.**

B: **What makes you so happy, Jane?**

톰, 전 지금 정말 기분이 좋아요.

뭐가 그렇게 좋아요, 제인?

013

A: ____________________________**?**

B: **It's okay now, I understand.**

아직도 나한테 화났어요?

이제 괜찮아요. 이해합니다.

014

A: ________________________________**.**

B: **So do I.**

난 새드 앤딩은 싫어요.

나도 그래요.

015

A: **Let's go into the water.**

B: **I can't. ___________________________.**

물속으로 들어가자.

난 못해. 난 물이 무서워.

>> 녹음이 있잖아요. 녹음을 듣고 써보세요. 장답은 각각의 유닛에서 확인하세요.

016

A: What's wrong with you? ______________________.

B: I failed the English exam again.

왜 그래? 오늘 너무 우울해 보이네.

영어시험을 또 낙제했거든요.

017

A: ______________________.

B: Thanks for your compliment.

참 잘 어울리는군요.

칭찬해 주시니 감사합니다.

018

A: ______________________. I think you dropped this.

B: Oh, thanks a lot.

저기요, 아주머니. 이거 떨어뜨리신 것 같아요.

어머, 고마워요.

019

A: I'm proud of my job.

B: ______________________?

난 내 직업에 자부심이 있어요.

그래요?

020

A: I'm going to New York next week.

B: ______________________?

다음 주에 뉴욕에 갈 거야.

어디에 간다고?

021 질문할 때

의미 확인하면서 읽기

듣기

질문 있습니다.

I have a question.

아이 햅 어 퀘스천

question 질문

질문 하나 해도 될까요?

May I ask you a question?

메이 아이 애슥 유어 퀘스천즈

누구한테 물어봐야 되죠?

Who should I ask?

후 슈다이 애슥

질문 있습니까?

Do you have any question?

두 유 햅 애니 퀘스천

긍정문에서는 some, 부정문과 의문문에서는 any를 쓴다

다른 질문 있으세요?

Are there any other questions?

아 데어 애니 아더 퀘스천즈

이것을 영어로 뭐라고 하죠?

What's this called in English?

왓츠 디스 콜드 인 잉글리시

학습일 /

세 번 쓰고 외우기

말하기

I have a question.

May I ask you a question?

Who should I ask?

Do you have any question?

Are there any other questions?

What's this called in English?

Conversation

A: May I ask you a question?

B: Sure.

질문 하나 해도 될까요?

물론이죠.

022

부탁할 때

의미 확인하면서 읽기

듣기

부탁 하나 해도 될까요?

May I ask you a favor?

메이 아이 애슥 유 어 페이버

ask a favor 부탁하다

제 부탁 좀 들어주시겠어요?

Would you do me a favor?

우쥬 두 미 어 페이버

정중한 표현

부탁이 있어요.

I need a favor.

아이 니드 어 페이버

가벼운 표현

조용히 좀 해주시겠어요?

Would you please be quiet?

우쥬 플리즈 비 콰이엇

quiet 조용해지다, 잠잠해지다

당신과 얘기 좀 해도 될까요?

May I have a word with you?

메이 아이 햅 어 워드 윗 유

문 좀 열어주시겠어요?

Would you please open the door?

우쥬 플리즈 오픈 더 도어

학습일 /

세 번 쓰고 외우기

말하기

May I ask you a favor?

Would you do me a favor?

I need a favor.

Would you please be quiet?

May I have a word with you?

Would you please open the door?

Conversation

A: May I ask you a favor?

B: Sure. What is it?

부탁 하나 해도 될까요?

물론이죠. 뭔데요?

023 제안하거나 권유할 때

의미 확인하면서 읽기

듣기

커피 한 잔 드시겠어요?

Would you like a cup of coffee?

우쥬 라익 어 컵 업 커피

coffee나 water처럼 셀 수 없는 불가산명사는 cup이나 glass 등의 단위로 센다

걸어갑시다.

Let's walk.

렛츠 웍

Let's '~하자'라고 권유하는 가장 기본적인 표현이다

우리 그 문제는 곰곰이 생각해 보기로 해요.

I suggest we sleep on it.

아이 서제스트 위 슬립 온 잇

sleep on ~에 대해 하룻밤 자면서 생각해 보다

산책하러 가는 게 어때요?

How about going for a walk?

하우 어바웃 고우잉 포 어 웍

평소에 가장 많이 쓰이는 권유 표현이다

저희와 합석하시겠어요?

Would you join us?

우쥬 조인 어스

그에게 얘기하지 그래요?

Why don't you tell him?

와이 돈츄 텔 힘

Why don't you ~?(~하는 게 어때?) 역시 가장 많이 쓰이는 권유 표현이다

학습일 /

세 번 쓰고 외우기

말하기

Would you like a cup of coffee?

Let's walk.

I suggest we sleep on it.

How about going for a walk?

Would you join us?

Why don't you tell him?

Conversation

A: Let's eat out tonight, shall we?

B: Oh, I'd love to.

오늘밤 외식하러 갈까요?

아, 좋지요.

024 도움을 청하거나 양해를 구할 때

의미 확인하면서 읽기

듣기

좀 도와주실래요?

Can you help me?

캔 유 핼프 미

좀 도와주시겠어요?

Could you give me a hand?

쿠쥬 깁 미 어 핸드

lend 빌려주다

좀 지나가도 될까요?

May I get through?

메이 아이 겟 쓰루

get through 지나가다, 통과하다

휴대폰 좀 써도 될까요?

Could I use the cellphone?

쿠다이 유즈 더 셀포운

여기 앉아도 되겠습니까?

Do you mind if I sit here?

두 유 마인드 이프 아이 씻 히어

Do you mind ~해도 될까요?

물 좀 갖다 주시겠어요?

Could you bring me some water?

쿠쥬 브링 미 썸 워터

학습일 /

세 번 쓰고 외우기

말하기

Can you help me?

Could you give me a hand?

May I get through?

Could I use the cellphone?

Do you mind if I sit here?

Could you bring me some water?

Conversation

A: Can you help me move the desk?
B: Yes, of course.
책상 옮기는 것 좀 도와줄래?
물론이지.

025 의견을 묻고 답할 때

의미 확인하면서 읽기

듣기

다른 의견은 없습니까?

Have you any idea?

햅 유 애니 아이디어

그녀에 대해 어떻게 생각하세요?

How do you think about her?

하우 두 유 씽ㅋ 어바웃 허

내 프로젝트에 대해 어떻게 생각하세요?

What do you think of my project?

왓 두 유 씽ㅋ 업 마이 프러젝트

project 계획[기획](된 일), 프로젝트

바로 그겁니다.

That's it!

댓츠 잇

당신 말에도 일리가 있어요.

You may have a point.

유 메이 햅 어 포인트

have a point 일리가 있다; 장점이 있다

정말 좋은 생각이군요.

What a good idea!

와러 굿 아이디어

그냥 Good idea!라고만 해도 된다

학습일 /

세 번 쓰고 외우기

말하기

Have you any idea?

How do you think about her?

What do you think of my project?

That's it!

You may have a point.

What a good idea!

Conversation

A: Don't you think the coffee here is good?
B: Yeah, here is gonna be my favorite place.

여기 커피 맛있는 것 같지 않니?
응, 이제 여기 자주 와야겠어.

021 - 025 대화 연습

앞에서 배운 대화 내용입니다. 빈 칸을 채워보세요. 기억이 잘 안 난다고요? 걱정마세요. 녹음이 있잖아요. 녹음을 듣고 써보세요. 정답은 각각의 유닛에서 확인하세요.

021

A: ______________________________?

B: **Sure.**

질문 하나 해도 될까요?
물론이죠..

022

A: ______________________________?

B: **Sure. What is it?**

부탁 하나 해도 될까요?
물론이죠. 뭔데요?

023

A: ______________________________?

B: **Oh, I'd love to.**

오늘밤 외식하러 갈까요?
아, 좋지요.

024

A: ______________________________ **move the desk?**

B: **Yes, of course.**

책상 옮기는 것 좀 도와줄래?
물론이지.

025

A: ______________________________?

B: **Yeah, here is gonna be my favorite place.**

여기 커피 맛있는 것 같지 않니?
응, 이제 여기 자주 와야겠어.

이제 회화책 한 권 정도는
만만하게 쓰면서 말할 수 있다.

PART

02

화제 · 취미 · 여가 표현

026 시간에 대해 말할 때

의미 확인하면서 읽기

듣기

지금 몇 시죠?

What time is it now?

왓 타임 이즈 잇 나우

몇 시입니까?

Do you have the time?

두 유 햅 더 타임

Do you have time?(시간 있어요)와 헷갈리지 않도록 주의!

몇 시쯤 됐을까요?

I wonder what time is it?

아이 원더 왓 타임 이즈 잇

wonder 궁금하다, 궁금해 하다

시간 있으세요?

Have you got a minute?

햅 유 갓 어 미닛

minute (시간 단위의) 분; 잠깐

시간이 없어요.

I'm in a hurry.

아임 인 어 허리

in a hurry 서둘러, 급히

시계가 정확한가요?

Is your watch correct?

이즈 유어 왓치 커렉

correct 맞는, 정확한

학습일 /

세 번 쓰고 외우기

말하기

What time is it now?

Do you have the time?

I wonder what time is it?

Have you got a minute?

I'm in a hurry.

Is your watch correct?

Conversation

A: What time is it?

B: It's ten twenty-three.

몇 시죠?

10시 23분입니다.

027 날짜와 요일에 대해 말할 때

의미 확인하면서 읽기

듣기

오늘이 며칠이죠?

What's the date today?

왓츠 더 데잇 투데이

date 날짜, (연)월일

오늘이 무슨 요일이죠?

What day is it today?

왓 데이 이즈 잇 투데이

몇 월이죠?

What month is it?

왓 먼쓰 이즈 잇

month (일 년 열두 달 중 한) 달, 월

거기는 오늘 며칠이에요?

What's the date today over there?

왓츠 더 데잇 투데이 오우버 데어

다른 나라에 있는 사람과 통화할 때 그 쪽은 며칠인지 물어보는 표현

생일이 언제예요?

When's your birthday?

웬즈 유어 벌스데이

시험이 언제부터죠?

When does the exam start?

웬 더즈 디 이그젬 스탓

start 시작하다

학습일 /

세 번 쓰고 외우기

말하기

What's the date today?

What day is it today?

What month is it?

What's the date today over there?

When's your birthday?

When does the exam start?

Conversation

A: What's the date today?

B: It's the third of March.

오늘이 며칠이죠?

3월 3일이에요.

028 날씨에 대해 말할 때

의미 확인하면서 읽기

듣기

오늘 날씨 어때요?

How's the weather today?

하우즈 더 웨더 투데이

weather 날씨, 기상, 일기

오늘은 날씨가 화창하군요.

It's a beautiful day today.

잇츠 어 뷰티플 데이 투데이

beautiful 아름다운

이제 비가 그쳤습니까?

Has the rain stopped yet?

해즈 더 레인 스탑드 옛

정말 너무 더워요.

It's terribly hot.

잇츠 테러블리 핫

terribly 너무, 대단히

정말 춥네, 안 그래요?

It's freezing cold, isn't it?

잇츠 프리징 콜드, 이즌 잇

freezing cold 매섭게 추운

눈이 올 것 같아요.

It looks like snow.

잇 룩스 라익 스노우

학습일

세 번 쓰고 외우기

말하기

How's the weather today?

It's a beautiful day today.

Has the rain stopped yet?

It's terribly hot.

It's freezing cold, isn't it?

It looks like snow.

Conversation

A: It's a lovely day, isn't it?
B: Yes, it is.

날씨가 아주 근사하네요, 안 그래요?
그렇군요.

029 개인 신상에 대해 말할 때

의미 확인하면서 읽기

듣기

국적이 어디세요?

What's your nationality?

왓츠 유어 내셔낼러티

nationality 국적

어디서 오셨어요?

Where did you come from?

웨어 디쥬 컴 프럼

어디서 자라셨어요?

Where did you grow up?

웨어 디쥬 그로우 업

서울 토박입니다.

I was born and bred in Seoul.

아이 워즈 본 앤 브레드 인 서울

born and bred (…에서) 나고 자란, ~ 토박이인

나이가 어떻게 되세요?

How old are you?

하우 올드 아 유

지금 어디 사세요?

Where do you live now?

웨어 두 유 리브 나우

학습일

세 번 쓰고 외우기

말하기

What's your nationality?

Where did you come from?

Where did you grow up?

I was born and bred in Seoul.

How old are you?

Where do you live now?

Conversation

A: Where are you from?

B: I'm from Seoul.

어디서 오셨어요?

서울에서요.

030 가족에 대해 말할 때

의미 확인하면서 읽기

듣기

우리는 대가족입니다.

We have a large family.

위 햅 어 라지 패밀리

소가족은 a little(= small) family, 핵가족은 a nuclear family

부모님과 함께 사세요?

Do you live with your parents?

두 유 립 윗 유어 패어런츠

parents 부모

아이들은 몇 명이나 됩니까?

How many children do you have?

하우 메니 칠드런 두 유 햅

children 아이들; child의 복수

3살짜리 아들이 하나 있어요.

I have a 3-year-old boy.

아이 햅 어 쓰리 이어 올드 보이

가족이 몇 분이세요?

How many people are there in your family?

하우 메니 피플 아 데어린 유어 패밀리

우린 네 식구예요.

There are four in my family.

데어라 풔 인 마이 패밀리

학습일 /

세 번 쓰고 외우기

말하기

We have a large family.

Do you live with your parents?

How many children do you have?

I have a 3-year-old boy.

How many people are there in your family?

There are four in my family.

Conversation

A: Are you the eldest child in your family?
B: No, I'm not. I'm the only child.

장남이세요?
아니에요. 저는 외아들이에요.

031 학교에 대해 말할 때

의미 확인하면서 읽기

듣기

학교는 어디서 다니셨어요?

Where did you go to school?

웨어 디쥬 고우 투 스쿨

go to school 학교에 다니다, 통학하다

어느 학교에 다니세요?

Where do you go to school?

웨어 두 유 고우 투 스쿨

위의 표현은 과거에 어느 학교를 다녔느냐고 묻는 것이고
이 표현은 지금 현재 어느 학교에 다니냐고 묻는 표현이다

몇 학년이세요?

What year are you in?

왓 이어 아 유 인

우리는 같은 학교 나온 동문입니다.

We went to the same school.

위 웬ㅌ 투 더 세임 스쿨

same 같은

대학교 때 전공이 무엇이었어요?

What was your major at college?

왓 워즈 유어 메이저 앳 칼리지

major (대학생의) 전공

어떤 학위를 가지고 계십니까?

What degree do you have?

왓 디그리 두 유 햅

degree 학위

학습일 /

세 번 쓰고 외우기

말하기

Where did you go to school?

Where do you go to school?

What year are you in?

We went to the same school.

What was your major at college?

What degree do you have?

Conversation

A: Where do you go to school?
B: I go to NS University.

어느 학교에 다니세요?
NS 대학에 다닙니다.

032 학교생활에 대해 말할 때

의미 확인하면서 읽기

듣기

학교생활은 재미있나요?

Do you have fun in school?

두 유 햅 펀 인 스쿨

have fun 즐기다

나 또 지각이야.

I'm late for class again.

아임 레잇 포 클래스 어겐

be late for 시간에 늦다

시험을 망쳤어요.

I messed up on my test.

아이 메스트 업 온 마이 테스트

mess up (~을) 엉망으로 만들다[다 망치다]

오늘은 수업이 없어요.

There is no class today.

데어리즈 노 클래스 투데이

아르바이트 자리가 있나요?

Do you have a part time job?

두 유 햅 어 팟 타임 잡

part time job 시간제 일; 부업, 아르바이트

게시판에 뭐라고 쓰여 있는 거예요?

What does the board say?

왓 더즈 더 보드 쎄이

board 게시판

학습일 /

세 번 쓰고 외우기

말하기

Do you have fun in school?

I'm late for class again.

I messed up on my test.

There is no class today.

Do you have a part time job?

What does the board say?

Conversation

A: Why weren't you in class?

B: Because I had a stomachache.

왜 수업에 오지 않았니?

배탈이 나서요.

033 직장에 대해 말할 때

의미 확인하면서 읽기

듣기

어느 회사에 근무하세요?

What company are you with?

왓 컴퍼니 아 유 윋

company 회사

어느 부서에서 근무하세요?

Which department do you work in?

위치 디파트먼ㅌ 두 유 웍 인

department (조직의 한) 부서, 부처, 학과

직책이 무엇입니까?

What's your job title?

왓츠 유어 잡 타이틀

job title 직책

어떤 일을 맡고 계세요?

What are you in charge of?

워라 유 인 차지 업

be in charge of ~을 담당하다

여기에서 얼마나 근무하셨어요?

How long have you worked here?

하우 롱 햅 유 웍트 히어

직장까지 얼마나 걸리죠?

How long does it take you to get to work?

하우 롱 더즈 잇 테익 유 투 겟 투 웍

학습일 /

세 번 쓰고 외우기

말하기

What company are you with?

Which department do you work in?

What's your job title?

What are you in charge of?

How long have you worked here?

How long does it take you to get to work?

Conversation

A: What kind of company are you with?

B: A trading company.

어떤 회사에서 일하세요?

무역회사사요.

034

직장생활에 대해 말할 때

의미 확인하면서 읽기

듣기

언제 입사하셨어요?

When did you join the company?

웬 디쥬 조인 더 컴퍼니

join 가입[입회/입사/가담]하다

근무 시간이 어떻게 됩니까?

What are your office hours?

워라 유어 어피스 아워즈

office hours (사무실의 일반적인) 근무[영업] 시간

몇 시에 퇴근하세요?

When do you get off?

웬 두 유 겟 오프

punch out 퇴근하다

내일은 쉬어요.

I'll be off tomorrow.

아일 비 오프 터마로우

당신 회사에서는 점심시간이 몇 시죠?

What time is lunch at your company?

왓 타임 이즈 런치 앳 유어 컴퍼니

저는 오늘밤 야근이에요.

I'm on duty tonight.

아임 온 듀티 투나잇

on duty 당번인, 근무 중인

학습일 /

세 번 쓰고 외우기

말하기

When did you join the company?

What are your office hours?

When do you get off?

I'll be off tomorrow.

What time is lunch at your company?

I'm on duty tonight.

Conversation

A: Are you happy with your present job?
B: Yes, but I'm not always happy.

지금 직장에 만족하세요?
네, 하지만 늘 그런 건 아니에요.

035 거주지에 대해 말할 때

의미 확인하면서 읽기

듣기

어디 사세요?

Where do you live?

웨어 두 유 리브

그곳에서 얼마나 사셨어요?

How long have you lived there?

하우 롱 햅 유 리브드 데어

주소가 어떻게 됩니까?

What's your address?

왓츠 유어 어드레스

address 주소

직장까지 시간이 얼마나 걸려요?

How long does it take you to get to work?

하우 롱 더즈 잇 테익 유 투 겟 투 웍

전 아주 작은 도시에 살아요.

I live in a very small town.

아이 리브 인 어 베리 스몰 타운

town (city보다 작은) (소)도시, 읍

저는 고층 아파트에서 살아요.

I live in a high-rise apartment house.

아이 리브 인 어 하이-라이즈 어파트먼ㅌ 하우스

학습일

세 번 쓰고 외우기

말하기

Where do you live?

How long have you lived there?

What's your address?

How long does it take you to get to work?

I live in a very small town.

I live in a high-rise apartment house.

Conversation

A: Where do you live?
B: I live in the suburbs of Seoul.

어디 사세요?
서울 근교에서 살아요.

026 - 030 대화 연습

앞에서 배운 대화 내용입니다. 빈 칸을 채워보세요. 기억이 잘 안 난다고요? 걱정마세요. >>

026

A: ______________________________?

B: **It's ten twenty-three.**

몇 시죠?

10시 23분입니다.

027

A: ______________________________?

B: **It's the third of March.**

오늘이 며칠이죠?

3월 3일이에요.

028

A: _________________________?

B: **Yes, it is.**

날씨가 아주 근사하네요, 안 그래요?

그렇군요.

029

A: _________________________?

B: **I'm from Seoul.**

어디서 오셨어요?

서울에서요.

030

A: **Are you the eldest child in your family?**

B: **No, I'm not.** ___________________________.

장남이세요?

아니에요. 저는 외아들이에요.

>> 녹음이 있잖아요. 녹음을 듣고 써보세요. 장답은 각각의 유닛에서 확인하세요.

031

A: ______________________________?

B: **I go to NS University.**

어느 학교에 다니세요?

NS 대학에 다닙니다.

032

A: ______________________________?

B: **Because I had a stomachache.**

왜 수업에 오지 않았니?

배탈이 나서요.

033

A: ______________________________?

B: **A trading company.**

어떤 회사에서 일하세요?

무역회사요.

034

A: ______________________________?

B: **Yes, but I'm not always happy.**

지금 직장에 만족하세요?

네, 하지만 늘 그런 건 아니에요.

035

A: ____________________?

B: **I live in the suburbs of Seoul.**

어디 사세요?

서울 근교에서 살아요.

036 연애에 대해 말할 때

의미 확인하면서 읽기

듣기

사귀는 사람 있니?

Are you seeing anyone?

아 유 씨잉 애니원

우린 좋은 친구 사이야.

We're good friends.

위아 굿 프렌즈

friend 친구

그녀는 그냥 친구야.

She's just a friend.

쉬즈 저슷 어 프렌드

just 그냥, 단지

어떤 사람이 이상형이에요?

What's your type?

왓츠 유어 타입

type (특정한 성격이나 특징 등을 지닌) 사람, 타입

나랑 데이트할래?

Would you like to go out with me?

우쥬 라익 투 고우 아웃 윗 미

go out with ~와 데이트를 하다[사귀다]

그들은 연애 중이죠?

Are they an item?

아 데이 언 아이템

be an item 연애를 하다

학습일 /

세 번 쓰고 외우기

말하기

Are you seeing anyone?

We're good friends.

She's just a friend.

What's your type?

Would you like to go out with me?

Are they an item?

Conversation

A: Are you seeing anyone?
B: Not at the moment, unfortunately.

사귀는 사람 있어요?
불행히도 지금은 없어요.

037 결혼에 대해 말할 때

의미 확인하면서 읽기

듣기

나랑 결혼해 줄래?

Will you marry me?

윌 유 메리 미

marry 다음에는 전치사가 오지 않는다

난 연애결혼하고 싶어요.

I'd like to marry for love.

아이드 라익 투 메리 포 러브

marry for love 연애결혼

그는 중매 결혼했어요.

He got married by arrangement.

히 갓 메리드 바이 어랜지먼ㅌ

get married by arrangement 중매결혼을 하다

기혼이세요, 미혼이세요?

Are you married or single?

아 유 메리드 오어 싱글

언제 결혼하셨어요?

When did you get married?

웬 디쥬 겟 메리드

직접목적어가 없을 때에는 marry 보다는 get married를 쓴다

난 이혼했어요.

I'm divorced.

아임 디보스트

divorce 이혼하다

세 번 쓰고 외우기

말하기

✎ Will you marry me? ⊖✓ ⊖ ⊖

✎ I'd like to marry for love. ⊖ ⊖ ⊖

✎ He got married by arrangement. ⊖ ⊖ ⊖

✎ Are you married or single? ⊖ ⊖ ⊖

✎ When did you get married? ⊖ ⊖ ⊖

✎ I'm divorced. ⊖ ⊖ ⊖

Conversation

A: Are you married?
B: No, I'm not.

결혼하셨어요?
안 했습니다.

038 취미와 여가에 대해 말할 때

의미 확인하면서 읽기

듣기

취미가 뭐예요?

What are your hobbies?

워라 유어 하비스

hobby 취미

취미로 무얼 하세요?

What do you do for fun?

왓 두 유 두 포 펀

for fun 재미로

난 온라인 채팅에 푹 빠져있어요.

I'm so into online chatting.

아임 쏘 인투 온라인 채팅

be into ~에 관심이 많다, ~을 좋아하다

난 인터넷 검색하는 거 좋아해요.

I like surfing the internet.

아이 라익 서핑 디 인터넷

surf the Net/Internet 인터넷을 서핑[검색]하다

난 낚시에 관심 있어요.

I'm interested in fishing.

아임 인터레스팃 인 피싱

전 물건들을 고치는 걸 즐겨요.

I enjoy fixing things.

아이 인조이 픽싱 씽즈

fix 수리하다, 고치다

학습일 /

세 번 쓰고 외우기

말하기

What are your hobbies?

What do you do for fun?

I'm so into online chatting.

I like surfing the internet.

I'm interested in fishing.

I enjoy fixing things.

Conversation

A: Do you like romantic movies?
B: I love it!

로맨틱 영화 좋아하세요?
완전 좋아해요!

039 오락에 대해 말할 때

의미 확인하면서 읽기

듣기

나는 실내 게임은 못 합니다.

I'm not one for indoor games.

아임 낫 원 포 인도어 게임스

indoor games 실내 게임, 실내 오락

포커를 가르쳐 주시겠습니까?

Could you tell me how to play poker?

쿠쥬 텔 미 하우 투 플레이 포커

좀 쉬운 게임 있어요?

Is there any easy games?

이즈 데어래니 이지 게임스

easy 쉬운

핀볼게임 해 보셨어요?

Have you tried the pin-ball game?

햅 유 트라이드 더 핀-볼 게임

칩을 현금으로 바꿔 주세요.

Cash my chips, please.

캐쉬 마이 칩스, 플리즈

cash 현금으로 바꾸다

멋진 오락거리를 찾으세요?

Do you want some great entertainments?

두 유 원ㅌ 썸 그레잇 엔터테인먼츠

학습일 /

세 번 쓰고 외우기

말하기

I'm not one for indoor games.

Could you tell me how to play poker?

Is there any easy games?

Have you tried the pin-ball game?

Cash my chips, please.

Do you want some great entertainments?

Conversation

A: What kind of game would you like to play?
B: Well, how about playing a video game?

무슨 게임을 하고 싶어요?
저, 비디오 게임 한 번 하는 게 어떻겠습니까?

040 책과 신문에 대해 말할 때

의미 확인하면서 읽기

듣기

책 많이 읽으세요?

Do you read many books?

두 유 리드 매니 북스

read 읽다

책 읽을 시간이 없어요.

I have no time to read.

아이 햅 노우 타임 투 리드

어떤 책을 좋아하세요?

What books do you like?

왓 북스 두 유 라익

이 책 읽어보셨어요?

Have read this book?

햅 레드 디스 북

나는 역사소설을 좋아해요.

I like historical novels.

아이 라익 히스토리컬 나벌즈

historical novel 역사 소설

오늘 신문 보셨어요?

Have you seen today's paper?

햅 유 씬 투데이즈 페이퍼

paper 신문

세 번 쓰고 외우기

말하기

Do you read many books?

I have no time to read.

What books do you like?

Have read this book?

I like historical novels.

Have you seen today's paper?

Conversation

A: Who's your favorite author?
B: I love Herman Hesse.

좋아하는 작가는 누구예요?
헤르만 헤세를 무지 좋아해요.

041 음악과 그림에 대해 말할 때

의미 확인하면서 읽기

듣기

음악 좋아하세요?

Do you like music?

두 유 라익 뮤직

music 음악

좋아하는 가수가 누구예요?

Who is your favorite singer?

후 이즈 유어 페이버릿 싱어

favorite 마음에 드는, 매우 좋아하는, 총애하는

저는 노래는 못해요.

I'm poor at singing.

아임 푸어 앳 싱잉

poor at ~이 서투른, ~이 어설픈

전 음치예요.

I am tone-deaf.

아이 엠 톤-뎁

be tone-deaf 음감이 없다

저는 그림 그리기를 좋아합니다.

I like painting.

아이 라익 페인팅

이 그림에 대해 어떻게 생각하세요?

What do you think of this painting?

왓 두 유 씽크 업 디스 페인팅

학습일 /

세 번 쓰고 외우기

말하기

Do you like music?

Who is your favorite singer?

I'm poor at singing.

I am tone-deaf.

I like painting.

What do you think of this painting?

Conversation

A: What kind of music do you like?

B: I love pop music.

무슨 음악을 좋아하세요?

팝을 좋아합니다.

042 텔레비전과 영화에 대해 말할 때

의미 확인하면서 읽기

듣기

지금 텔레비전에서 뭐해요?

What's on TV?

왓츠 온 티비

어떤 텔레비전 프로그램을 제일 좋아하세요?

Which program do you enjoy most?

위치 프로그램 두 유 인조이 모슷

전 퀴즈쇼를 좋아해요.

I like to watch quiz shows.

아이 라익 투 워치 퀴즈 쇼우즈

watch (시간과 관심을 기울이며) 보다

텔레비전 좀 켜 주시겠어요?

Could you turn on the television?

쿠쥬 턴 온 더 텔레비전

turn on (라디오, TV, 전기, 가스 따위를) 켜다

어떤 영화를 좋아하세요?

What kind of movies do you like?

왓 카인드 업 무비즈 두 유 라익

movie 영화

얼마나 자주 영화 보러 가세요?

How often do you go to the movies?

하우 오픈 두 유 고우 투 더 무비즈

often 자주, 흔히

학습일 /

세 번 쓰고 외우기

말하기

What's on TV?

Which program do you enjoy most?

I like to watch quiz shows.

Could you turn on the television?

What kind of movies do you like?

How often do you go to the movies?

Conversation

A: How often do you watch TV?

B: I watch TV for two or three hours a day.

텔레비전을 얼마나 자주 보세요?

하루에 두 세 시간씩 봐요.

043 식성과 맛에 대해 말할 때

의미 확인하면서 읽기

듣기

정말 맛있어요.

It's really good.

잇츠 리얼리 굿

really (말하는 내용이나 의견 등을 강조하여) 정말로, 참으로

그건 건강에도 좋고 맛도 좋아요.

It's healthy and delicious.

잇츠 헬시 앤 딜리셔스

healthy 건강한, 건강에 좋은 delicious 아주 맛있는

이건 맛이 별로 없어요.

This is flavorless.

디스 이즈 플레이버리스

flavorless 풍미 없는

배불러요.

I'm stuffed.

아임 스텁트

be stuffed 배가 부르다

그녀는 식성이 까다로워요.

She is a picky eater.

쉬 이즈 어 픽키 이터

be a picky eater 식성이 까다롭다

어떤 음식을 좋아하세요?

What kind of food do you like?

왓 카인드 업 푸드 두 유 라익

학습일 /

세 번 쓰고 외우기

말하기

It's really good.

It's healthy and delicious.

This is flavorless.

I'm stuffed.

She is a picky eater.

What kind of food do you like?

A: How does it taste?
B: It's really good.

맛이 어때요?
정말 맛있어요.

044 건강에 대해 말할 때

의미 확인하면서 읽기

듣기

컨디션은 어때요?

How do you feel?

하우 두 유 필

건강은 어떠세요?

How is your health?

하우 이즈 유어 헬스

health (몸, 마음의) 건강

컨디션이 안 좋아요.

I'm not feeling well.

아임 낫 필링 웰

난 건강해요.

I'm healthy.

아임 헬씨

healthy 건강한, 건강에 좋은

건강해 보이시네요.

You look healthy.

유 룩 헬씨

건강 조심하세요.

Take care of your health.

테익 케어 업 유어 헬스

학습일

세 번 쓰고 외우기

말하기

How do you feel?

How is your health?

I'm not feeling well.

I'm healthy.

You look healthy.

Take care of your health.

Conversation

A: How are you feeling today?
B: I'm not feeling well.

오늘은 기분이 어떠세요?
컨디션이 영 별로예요.

045 운동이나 스포츠에 대해 말할 때

의미 확인하면서 읽기

듣기

운동하세요?

Do you work out?

두 유 웍 아웃

work out (건강·몸매 관리 등을 위해) 운동하다

얼마나 자주 운동하세요?

How often do you exercise?

하우 오픈 두 유 엑서사이즈

건강을 위해 어떤 운동을 하세요?

What exercise do you do for your health?

왓 엑서사이즈 두 유 두 포 유어 헬스

운동하는 것을 좋아하세요?

Do you like playing sports?

두 유 라익 플레잉 스포츠

스포츠라면 뭐든지 좋아합니다.

I like all kinds of sports.

아이 라익 올 카인즈 업 스포츠

그 경기 누가 이겼죠?

Who won the game?

후 원 더 게임

won win(이기다) 의 과거, 과거분사

학습일 /

세 번 쓰고 외우기

말하기

Do you work out?

How often do you exercise?

What exercise do you do for your health?

Do you like playing sports?

I like all kinds of sports.

Who won the game?

Conversation

A: What kind sports do you like?

B: I like all kinds of sports.

어떤 스포츠를 좋아하세요?

스포츠라면 뭐든지 좋아합니다.

036 - 040 대화 연습

앞에서 배운 대화 내용입니다. 빈 칸을 채워보세요. 기억이 잘 안 난다고요? 걱정마세요. >>

036

A: ______________________________?

B: **Not at the moment, unfortunately.**

사귀는 사람 있어요?

불행히도 지금은 없어요.

037

A: ______________________________?

B: **No, I'm not.**

결혼하셨어요?

안 했습니다.

038

A: **Do you like romantic movies?**

B: ________________________!

로맨틱 영화 좋아하세요?

완전 좋아해요!

039

A: ______________________________________?

B: **Well, how about playing a video game?**

무슨 게임을 하고 싶어요?

저, 비디오 게임 한 번 하는 게 어떻겠습니까?

040

A: ____________________________________?

B: **I love Herman Hesse.**

좋아하는 작가는 누구예요?

헤르만 헤세를 무지 좋아해요.

041 - 045 대화 연습

>> 녹음이 있잖아요. 녹음을 듣고 써보세요. 장답은 각각의 유닛에서 확인하세요.

041

A: ______________________________?

B: **I love pop music.**

무슨 음악을 좋아하세요?

팝을 좋아합니다.

042

A: ______________________________?

B: **I watch TV for two or three hours a day.**

텔레비전을 얼마나 자주 보세요?

하루에 두 세 시간씩 봐요.

043

A: ____________________?

B: **It's really good.**

맛이 어때요?

정말 맛있어요.

044

A: ______________________________?

B: **I'm not feeling well.**

오늘은 기분이 어떠세요?

컨디션이 영 별로예요.

045

A: **What kind sports do you like?**

B: ______________________________.

어떤 스포츠를 좋아하세요?

스포츠라면 뭐든지 좋아합니다.

046 외모에 대해 말할 때

의미 확인하면서 읽기

듣기

그 사람은 어떻게 생겼어요?

What's he like?

왓츠 히 라익

키가 얼마나 돼요?

How tall are you?

하우 톨 아 유

tall 키가 큰

몸무게가 얼마나 나가요?

How much do you weigh?

하우 머치 두 유 웨잇

weigh 무게[체중]가 …이다

그는 뚱뚱해요.

He is fat.

히 이즈 팻

fat 뚱뚱한

그녀는 키가 작고 말랐어요.

She is petite and slim.

쉬 이즈 페팃 앤 슬림

petite 자그마한 slim 날씬한, 호리호리한

오늘 피곤해 보이네요.

You look tired today.

유 룩 타이엇 투데이

look tired 피로한 빛이 보이다

학습일 /

세 번 쓰고 외우기

말하기

What's he like?

How tall are you?

How much do you weigh?

He is fat.

She is petite and slim.

You look tired today.

Conversation

A: How do I look?

B: You look beautiful in that dress.

나 어때?

그 옷 입으니까 예뻐 보여.

047

옷차림에 대해 말할 때

의미 확인하면서 읽기

듣기

당신 참 멋지네요.

You are in style.

유 아 인 스타일

in style 유행되는, 유행을 따르는

이건 너무 딱 맞아요.

This is too tight.

디스 이즈 투 타잇

tight (옷이 몸에) 꽉 조이는[딱 붙는]

당신에게 참 잘 어울려요.

It looks good on you.

잇 룩스 굿 온 유

패션 감각이 뛰어나시네요.

You have great taste in clothes.

유 햅 그레잇 테이슷 인 클로드즈

taste in clothes 옷에 대한 취향[감각]

입고 있는 옷이 맘에 드네요.

I like the dress that you have on.

아이 라익 더 드레스 댓 유 햅 온

그녀는 옷을 크게 입는 편이에요.

She wears loose-fitting clothes.

쉬 웨어즈 루즈-핏팅 클로드즈

loose-fitting 몸에 딱 붙지 않는, 낙낙한

학습일 /

세 번 쓰고 외우기

말하기

You are in style.

This is too tight.

It looks good on you.

You have great taste in clothes.

I like the dress that you have on.

She wears loose-fitting clothes.

Conversation

A: How do I look in this suit?
B: It looks good on you.
이 양복 입으니 나 어때요?
잘 어울려요.

048 성격에 대해 말할 때

의미 확인하면서 읽기

듣기

나는 낙천적이에요.

I'm optimistic.

아임 옵티미스틱

optimistic 낙관적인, 낙관하는

그는 명랑해요.

He's cheerful.

히즈 치어플

cheerful 발랄한, 쾌활한

그녀는 정직해요.

She's honest.

쉬즈 어니스트

honest 정직한

그는 내성적이에요.

He's introverted.

히즈 인트러버팃

introverted 내성적인, 내향적인

난 당신이 매우 유쾌하다고 생각해요.

I think you are very funny.

아이 씽ㅋ 유 아 베리 퍼니

amusing 재미있는, 즐거운

난 현실주의자에 가까워요.

I'm more of a realist.

아임 모어 업 어 리얼리슷

realist 현실주의자

학습일 /

세 번 쓰고 외우기

말하기

I'm optimistic.

He's cheerful.

She's honest.

He's introverted.

I think you are very funny.

I'm more of a realist.

Conversation

A: Do you make friends easily?

B: No, I don't. I'm shy.

친구를 쉽게 사귀는 편이세요?

아뇨, 내성적이라서요.

049

종교에 대해 말할 때

의미 확인하면서 읽기

듣기

무슨 종교를 믿습니까?

What is your religion?

와리즈 유어 릴리전

religion은 일반적인 의미의 종교와 특정한 종교를 다 포함한다

신을 믿으세요?

Do you believe in God?

두 유 빌립 인 갓

believe (무엇이나 누구의 말이 진실임을) 믿다

저는 기독교 신자예요.

I'm a Christian.

아임 어 크리스천

저는 천주교를 믿습니다.

I'm a Catholic.

아임 어 캐쓸릭

저는 불교 신자입니다.

I'm a Buddhist.

아임 어 부디스트

가까운 곳에 교회가 있나요?

Is there a church near here?

이즈 데어러 처치 니어 히어

near (거리상으로) 가까운

학습일 /

세 번 쓰고 외우기

말하기

What is your religion?

Do you believe in God?

I'm a Christian.

I'm a Catholic.

I'm a Buddhist.

Is there a church near here?

Conversation

A: Are you religious?

B: No, I'm an atheist.

종교를 가지고 있습니까?

아니요, 저는 무신론자예요.

050 여행에 대해 말할 때

의미 확인하면서 읽기

듣기

저는 여행하는 것을 좋아해요.

I am fond of traveling.

아이 엠 폰드 업 트래블링

be fond of ~을 좋아하다 travel 여행(하다)

여행은 마음을 넓혀줘요.

Travel broadens the mind.

트래블 브로든즈 더 마인드

broaden (영향권이) 넓어지다, 넓히다

여행은 어땠어요?

How was your trip?

하우 워즈 유어 트립

trip (짧고, 관광이나 어떤 특정한 목적을 위한) 여행

저는 가족과 함께 여행하는 것을 좋아해요.

I enjoy traveling with my family.

아이 인조이 트래블링 윗 마이 패밀리

enjoy 즐기다

해외여행을 하신 적이 있습니까?

Have you ever traveled overseas?

햅 유 에버 트래블드 오버씨즈

oversea(s) (특히 바다로 분리된) 해외의, 외국의

해외여행은 이번이 처음입니다.

This is my first trip overseas.

디스 이즈 마이 퍼슷 트립 오버씨즈

first 첫, 첫 (번)째의; 첫째

학습일

세 번 쓰고 외우기

말하기

I am fond of traveling.

Travel broadens the mind.

How was your trip?

I enjoy traveling with my family.

Have you ever traveled overseas?

This is my first trip overseas.

Conversation

A: Do you like traveling by ship?
B: No, I prefer to travel by plane.

배 여행을 좋아하세요?
아뇨, 비행기로 여행하는 게 더 좋아요.

046 - 050 대화 연습

앞에서 배운 대화 내용입니다. 빈 칸을 채워보세요. 기억이 잘 안 난다고요? 걱정마세요. 녹음이 있잖아요. 녹음을 듣고 써보세요. 장답은 각각의 유닛에서 확인하세요.

046

A: ______________________________?

B: **You look beautiful in that dress.**

나 어때 보여?

그 옷 입으니까 예뻐 보여.

047

A: **How do I look in this suit?**

B: ______________________________.

이 양복 입으니 나 어때요?

잘 어울려요.

048

A: **Do you make friends easily?**

B: **No,** __________________________.

친구를 쉽게 사귀는 편이세요?

아뇨, 내성적이라서요.

049

A: **Are you religious?**

B: **No,** __________________________.

종교를 가지고 있습니까?

아니요, 저는 무신론자예요.

050

A: ____?

B: **No, I prefer to travel by plane.**

배 여행을 좋아하세요?

아뇨, 비행기로 여행하는 게 더 좋아요.

이제 회화책 한 권 정도는
만만하게 쓰면서 말할 수 있다.

PART

03

일상생활 · 여행 표현

051 길을 묻거나 알려줄 때

의미 확인하면서 읽기

듣기

실례합니다.

Excuse me.

익스큐즈 미

여기가 어디예요?

Where am I?

웨어램 아이

가장 가까운 지하철역이 어디 있어요?

Where is the nearest subway station?

웨어리즈 더 니어리슷 썹웨이 스테이션

약도를 좀 그려주시겠어요?

Could you draw me a map?

쿠쥬 드로우 미 어 맵

draw (색칠은 하지 않고 연필 등으로) 그리다 map 지도

저도 여기는 처음이에요

I'm a stranger here myself.

아임 어 스트래인저 히어 마이셀프

stranger (어떤 곳에) 처음 온 사람 myself I의 재귀대명사

버스를 타세요.

Take the bus.

테익 더 버스

학습일 /

세 번 쓰고 외우기

말하기

Excuse me.

Where am I?

Where is the nearest subway station?

Could you draw me a map?

I'm a stranger here myself.

Take the bus.

Conversation

A: Could you tell me the way to the subway station?
B: Go along this street.

지하철역으로 가는 길을 가르쳐 주시겠어요?
이 길을 따라 가세요.

052 택시를 탈 때

의미 확인하면서 읽기

듣기

택시를 불러 주시겠어요?

Could you call me a taxi?

쿠쥬 콜 미 어 텍시

call (전화를 걸어) 부르다, 오라고 하다

공항으로 가주세요.

Please take me to the airport.

플리즈 테익 미 투 디 에어폿

airport 공항

얼마나 걸리죠?

How long does it take?

하우 롱 더즈 잇 테익

다음 모퉁이에서 왼쪽으로 도세요.

Turn left at the next corner.

턴 래프트 앳 더 넥스트 코너

turn left 좌측으로 돌다 turn right 우측으로 돌다

여기서 세워주세요.

Stop here, please.

스탑 히어, 플리즈

Stop here.(여기서 세워)라는 명령형 문장에 please를 붙이면 부탁 표현이 된다

요금이 얼마죠?

What's the fare?

왓츠 더 패어

fare (교통) 요금

학습일 /

세 번 쓰고 외우기

말하기

Could you call me a taxi?

Please take me to the airport.

How long does it take?

Turn left at the next corner.

Stop here, please.

What's the fare?

Conversation

A: Where to, sir?
B: To Seoul station, please.
어디로 모실까요?
서울역으로 가주세요.

053 버스를 탈 때

의미 확인하면서 읽기

듣기

이 버스 공항에 갑니까?

Does this bus go to the airport?

더즈 디스 버스 고우 투 디 에어폿

다음 정거장은 어디예요?

What's the next stop?

왓츠 더 넥스트 스탑

버스를 잘못 탔어요.

I took the wrong bus.

아이 툭 더 롱 버스

이어서 Please let me out.(내려주세요)라고 외치면 끝!

내릴 곳을 놓쳤어요.

I missed my stop.

아이 미스트 마이 스탑

run에는 '(버스, 기차 등이 특정 노선으로) 운행하다[다니다]'라는 뜻도 있다

뉴욕행 버스는 얼마나 자주 운행되나요?

How often do the buses run to New York?

하우 오픈 두 더 버시즈 런 투 뉴욕

이 버스는 타임스퀘어에서 섭니까?

Does this bus stop at Time Square?

더즈 디스 버스 스탑 앳 타임스퀘어

학습일 /

세 번 쓰고 외우기

말하기

Does this bus go to the airport?

What's the next stop?

I took the wrong bus.

I missed my stop.

How often do the buses run to New York?

Does this bus stop at Time Square?

Conversation

A: Where's the bus stop?
B: It's just across the street.

버스 정류장이 어디죠?
바로 길 건너편이에요.

054 지하철을 탈 때

의미 확인하면서 읽기

듣기

지하철 노선도를 얻을 수 있을까요?

Can I have a subway map?

캔 아이 햅 어 썹웨이 맵

subway map 지하철 노선도

이 근처에 지하철역이 있습니까?

Is the subway station near here?

이즈 더 썹웨이 스테이션 니어 히어

subway station 지하철역

표는 어디서 살 수 있습니까?

Where can I buy a ticket?

웨어 캔 아이 바이 어 티킷

buy 사다

어느 선이 센트럴 파크로 갑니까?

Which line goes to Central Park?

위치 라인 고우즈 투 센츄럴 팍

맨하탄에 가려면 어디서 갈아탑니까?

Where do I have to change for Manhattan?

웨어 두 아이 햅 투 체인지 포 맨해튼

공항까지 정거장이 몇 개 있어요?

How many stops is it to the Airport?

하우 매니 스탑스 이즈 잇 투 디 에어폿

학습일
/

세 번 쓰고 외우기

말하기

Can I have a subway map?

Is the subway station near here?

Where can I buy a ticket?

Which line goes to Central Park?

Where do I have to change for Manhattan?

How many stops is it to the Airport?

Conversation

A: Can I have a subway map?
B: Yes, it's over there.

지하철 노선도를 얻을 수 있을까요?
네, 저기 있습니다.

055 열차를 탈 때

의미 확인하면서 읽기

듣기

매표소가 어디 있어요?

Where is the ticket office?

웨어리즈 더 티킷 어피스

ticket office 매표소

이 열차가 시카고행 열차예요?

Is this going to Chicago?

이즈 디스 고우잉 투 시카고

열차가 얼마나 자주 옵니까?

How often does the train come?

하우 오픈 더즈 더 트레인 컴

How often 몇 번[차례], 얼마만큼 자주

이 기차 그 역에서 정차합니까?

Does this train stop at the station?

더즈 디스 트레인 스탑 앳 더 스테이션

별도의 요금을 내야 합니까?

Do I have to pay an extra charge?

두 아이 햅 투 페이 언 엑스트라 차지

extra charge 할증요금, 추가요금

식당차는 있습니까?

Does the train have a dining car?

더즈 더 트레인 햅 어 다이닝 카

dining car 식당차

학습일 /

세 번 쓰고 외우기

말하기

Where is the ticket office?

Is this going to Chicago?

How often does the train come?

Does this train stop at the station?

Do I have to pay an extra charge?

Does the train have a dining car?

Conversation

A: Which platform is for Busan?

B: Platform 2.

부산으로 가려면 어느 승강장으로 가야 해요?

2번 플랫폼요.

056 비행기를 탈 때

의미 확인하면서 읽기

듣기

탑승 수속은 언제 하죠?

When should I check in?

웬 슈다이 체크 인

check in 탑승[투숙] 수속을 밟다, 체크인하다

창문옆 좌석을 주세요.

Please give me a window seat.

플리즈 깁 미 어 윈도우 씻

출발 시간이 언제죠?

When does this airplane take off?

웬 더즈 디스 에어플레인 테익 오프

take off (항공기가) 이륙하다[날아오르다]

비행기를 타러 어디로 가죠?

Where is the gate for this flight?

웨어리즈 더 게이트 포 디스 플라잇

이건 가지고 들어갈 수 있어요?

Can I carry this with me?

캔 아이 캐리 디스 윗 미

carry 휴대하다, 가지고 다니다

제 자리는 어디죠?

Where's my seat, please?

웨어즈 마이 씻, 플리즈

학습일 /

세 번 쓰고 외우기

말하기

When should I check in?

Please give me a window seat.

When does this airplane take off?

Where is the gate for this flight?

Can I carry this with me?

Where's my seat, please?

Conversation

A: Can I see your ticket, please?
B: Yes, here it is.

탑승권을 보여 주시겠어요?
네, 여기 있습니다.

057

자동차를 운전할 때

의미 확인하면서 읽기

듣기

차를 빌리고 싶어요.

I'd like to rent a car.

아이드 라익 투 렌트 어 카

rent a car 자동차를 빌리다

여기에 주차해도 될까요?

Can I park here?

캔 아이 팍 히어

park 주차하다

차가 시동이 안 걸려요.

This car doesn't work.

디스 카 다즌ㅌ 웍

가득 넣어주세요.

Fill (it up), please.

필 (잇 업), 플리즈

타이어가 펑크 났어요.

I had a flat tyre.

아이 햇 어 플랫 타이어

a flat tyre 펑크 난 타이어

다음 휴게소까지 얼마나 멀어요?

How far is it to the next services?

하우 파 이즈 잇 투 더 넥스트 서비시스

How far (거리·정도가) 어디까지, 어느 범위까지

학습일

/

세 번 쓰고 외우기

말하기

I'd like to rent a car.

Can I park here?

This car doesn't work.

Fill (it up), please.

I had a flat tire.

How far is it to the next services?

Conversation

A: What kind of car do you want?

B: An automatic sedan, please.

어떤 차를 원하세요?

오토 세단을 주세요.

058 숙박할 때

의미 확인하면서 읽기

듣기

1인실 빈 방 있어요?

Do you have a single available?

두 유 햅 어 싱글 어베일러블

available 구할[이용할] 수 있는

더 싼 방은 없나요?

Is there anything cheaper?

이즈 데어 애니씽 치퍼

cheaper 값이 더 싼 (cheap < cheaper < cheapest)

이 방으로 하겠습니다.

I'll take this room.

아일 테익 디스 룸

1박에 얼마예요?

How much for a night?

하우 머치 포 어 나잇

요금에 아침식사 포함인가요?

Is breakfast included?

이즈 블렉퍼슷 인클루디드

include 포함하다(진행형으로는 쓰지 않는다)

체크인 하고 싶은데요.

I'd like to check in, please.

아이드 라익 투 체크 인, 플리즈

학습일 /

세 번 쓰고 외우기

말하기

Do you have a single available?

Is there anything cheaper?

I'll take this room.

How much for a night?

Is breakfast included?

I'd like to check in, please.

Conversation

A: What's the check-out time?

B: It's noon.

체크아웃 시간은 몇 시죠?

12시입니다.

059 식당에서

의미 확인하면서 읽기

듣기

메뉴판 좀 주세요.

May I see the menu?

메이 아이 씨 더 메뉴

이 음식은 뭐예요?

What's this dish?

왓츠 디스 디쉬

dish (식사의 일부로 만든) 요리

특별 메뉴가 있나요?

Do you have any specials?

두 유 햅 애니 스페셜즈

special 특별한 것, 특별 상품

주문 받으세요.

Can you take our order, please?

캔 유 테익 아워 오더, 플리즈

order 주문(하다)

빵을 더 주문할 수 있을까요?

Could we have some more bread?

쿳 위 햅 썸 모어 브래드

could나 would를 쓰면 더 정중한 표현이 된다

계산서 좀 갖다 주시겠어요?

May I have the check, please?

메이 아이 햅 더 첵, 플리즈

학습일 /

세 번 쓰고 외우기

말하기

May I see the menu?

What's this dish?

Do you have any specials?

Can you take our order, please?

Could we have some more bread?

May I have the check, please?

Conversation

A: How would you like your steak?
B: Well done, please.

스테이크를 어떻게 해드릴까요?
완전히 익혀 주세요.

060 음료와 술을 마실 때

의미 확인하면서 읽기

듣기

커피 한 잔 어때요?

How about a cup of coffee?

하우 어바웃 어 컵 업 커피

커피 한잔 하면서 좀 쉽시다.

Let's break for a cup of coffee.

렛츠 브레익 포 어 컵 업 커피

break for ~을 위해 잠시 쉬다

술 한 잔 어때요?

How about a drink?

하우 어바웃 어 드링크

coffee, water, beer 등의 물질명사는 원래 단위로 세야 하지만
편의상 a drink, two coffee 등으로 표현한다.

맥주 한 잔 할래요?

Would you like a beer?

우쥬 라익 어 비어

Would you like ~? ~하시겠습니까?

전 그렇게 술을 많이 마시는 사람은 아니에요.

I'm not such a big drinker.

아임 낫 서치 어 빅 드링커

a big eater / spender 많이 먹는 사람 / 돈을 많이 쓰는 사람

건배!

Cheers!

치얼즈

Bottoms up!은 '원 샷!' 느낌의 건배 제안 표현

학습일 /

세 번 쓰고 외우기

말하기

How about a cup of coffee?

Let's break for a cup of coffee.

How about a drink?

Would you like a beer?

I'm not such a big drinker.

Cheers!

Conversation

A: This coffee was good.

B: Do you want more?

이 커피 맛있네.

한잔 더 할래?

051 - 055 대화 연습

앞에서 배운 대화 내용입니다. 빈 칸을 채워보세요. 기억이 잘 안 난다고요? 걱정마세요. >>

051

A: **Could you tell me the way to the subway station?**

B: ______________________________.

지하철역으로 가는 길을 가르쳐 주시겠어요?

이 길을 따라 가세요.

052

A: **Where to, sir?**

B: ______________________________

어디로 모실까요?

서울역으로 가주세요.

053

A: ______________________________?

B: **It's just across the street.**

버스 정류장이 어디죠?

바로 길 건너편이에요.

054

A: ______________________________?

B: **Yes, it's over there.**

지하철 노선도를 얻을 수 있을까요?

네, 저기 있습니다.

055

A: **Which platform is for Busan?**

B: ______________________________.

부산으로 가려면 어느 승강장으로 가야 해요?

2번 플랫폼요.

>> 녹음이 있잖아요. 녹음을 듣고 써보세요. 장답은 각각의 유닛에서 확인하세요.

056

A: ______________________________?

B: **Yes, here it is.**

탑승권을 보여 주시겠어요?

네, 여기 있습니다.

057

A: ______________________________?

B: **An automatic sedan, please.**

어떤 차를 원하세요?

오토 세단을 주세요.

058

A: ______________________________?

B: **It's noon.**

체크아웃 시간은 몇 시죠?

12시입니다.

059

A: **How would you like your steak?**

B: ____________________.

스테이크를 어떻게 해드릴까요?

완전히 익혀 주세요.

060

A: **This coffee was good.**

B: ____________________?

이 커피 맛있네.

한잔 더 할래?

061 관광안내소에서

의미 확인하면서 읽기

듣기

시내 투어는 있습니까?

Is there a city tour?

이즈 데어러 씨티 투어

a city tour는 도시의 건물이나 유적지 등을 둘러보는 관광을 말한다

무료 시내지도는 있나요?

Do you have a free city map?

두 유 햅 어 프리 씨티 맵

free에는 no payment(무료의)라는 뜻도 있다

민박 목록은 있어요?

Do you have a list of B&Bs?

두 유 햅 어 리슷 업 비앤비즈

B&Bs: bed and breakfasts

꼭 구경해야 할 곳을 몇 군데 가르쳐 주세요.

Please tell me some of the places I should visit.

플리즈 텔 미 썸 업 더 플레이스 아이 슛 비짓

도시를 둘러보는 가장 좋은 방법은 뭐예요?

What's the best way of seeing around the city?

왓츠 더 베슷 웨이 업 씨잉 어라운 더 씨티

개인당 비용은 얼마입니까?

What's the rate per person?

왓츠 더 레잇 퍼 퍼슨

per 각 ~에 대하여, ~마다 per person 1인당

학습일 /

세 번 쓰고 외우기

말하기

Is there a city tour?

Do you have a free city map?

Do you have a list of B&Bs?

Please tell me some of the places I should visit.

What's the best way of seeing around the city?

What's the rate per person?

Conversation

A: Do you have any brochures on local attractions?

B: Sure, here it is.

지역 명소에 관한 안내책자 같은 거 있어요?

그럼요, 여기 있습니다.

062 관광지에서

의미 확인하면서 읽기

듣기

저게 뭐죠?

What is that?

와리즈 댓

가장 단순하고 쉬운 질문 표현이다

저게 뭔지 아세요?

Do you know what that is?

두 유 노우 왓 댓 이즈

저기 있는 저 동상은 뭐죠?

What's that statue over there?

왓츠 댓 스태츄 오버 데어

statue 조각상, 세상에서 가장 유명한 조각상은아마도 자유의 여신상(Statue of Liberty)?

이 건물은 왜 유명하죠?

What is this building famous for?

와리즈 디스 빌딩 페이머스 포

famous for ~으로 유명한

정말 아름다운 경치네요!

What a beautiful sight!

와러 뷰티플 싸잇

How beautiful it is!라고 표현할 수도 있다

전망이 기가 막히네요!

What a fantastic view!

와러 팬태스틱 뷰

a fantastic view 굉장한 경관

학습일 /

세 번 쓰고 외우기

말하기

What is that?

Do you know what that is?

What's that statue over there?

What is this building famous for?

What a beautiful sight!

What a fantastic view!

Conversation

A: How long does this tour take?

B: It'll take about 4 hours.

이 코스를 여행하는 데 시간이 얼마나 걸려요?

대략 4시간 정도 걸릴 거예요.

063

관람할 때

의미 확인하면서 읽기

듣기

입장료는 얼마예요?

How much is the admission fee?

하우 머치 이즈 디 어드미션 피

admission fee 입장료

어른 두 장 주세요.

Two adults, please.

투 어덜츠, 플리즈

I'll take two adult tickets, please. 등으로 말해야 하지만 회화에서는 편의상 간편하게 줄여 말하는 일이 흔하다

오후 6시에 폐관합니다.

The closing time is 6 p.m.

더 클로징 타임 이즈 식스 피엠

closing time (상점 등의) 문 닫는[마감] 시간, (박물관 등의) 폐관 시간

이 입체 전시물들 대단하지 않아요?

Aren't these dioramas excellent?

안ㅌ 디즈 다이어라머즈 엑셀런트

dioramas 디오라마(특히 박물관의 입체 모형)

만지지 마세요.

Don't touch it.

돈ㅌ 터치 잇

박물관이나 미술관 등에서 흔히 마주치게 되는 표현이다

피카소 작품은 어디 있어요?

Where are the works of Picasso?

웨어라 더 웍스 업 피카소우

work 작품N

학습일 /

세 번 쓰고 외우기

말하기

How much is the admission fee?

Two adults, please.

The closing time is 6 p.m.

Aren't these dioramas excellent?

Don't touch it.

Where are the works of Picasso?

Conversation

A: Excuse me. Where's the museum?

B: Go straight for about a mile.

실례합니다. 박물관이 어디 있습니까?

곧장 1마일쯤 가세요.

064 사진을 찍을 때

의미 확인하면서 읽기

듣기

여기서 사진 찍어도 되나요?

Can I take a picture here?

캔 아이 테익 어 픽처 히어

박물관이나 미술관에서는 꼭 물어봐야 한다

여기서 플래시를 사용해도 되나요?

May I use a flash here?

메이 아이 유즈 어 플래쉬 히어

플래시 사용을 금지하는 곳이 많으니 미리 물어봐야 한다

사진 좀 찍어 주시겠어요?

Could you take a picture of me, please?

쿠쥬 테익 어 픽처 옵 미, 플리즈

이 버튼만 누르세요.

Just press this button.

저슷 프레스 디스 버튼

press 누르다 button (기계를 작동시키기 위해 누르는) 버튼[단추]

같이 사진 찍어도 될까요?

Can I take a picture with you?

캔 아이 테익 어 픽처 윗 유

현지인과 사진을 찍고 싶을 때 쓸 수 있는 표현이다

셀카 찍자.

Let's take a selfie.

렛츠 테익 어 셀피

selfie 자기 모습을 스스로 찍은 사진을 말하는 신조어

학습일 /

세 번 쓰고 외우기

말하기

Can I take a picture here?

May I use a flash here?

Could you take a picture of me, please?

Just press this button.

Can I take a picture with you?

Let's take a selfie.

Conversation

A: Is it OK to take pictures here?

B: Yes, of course.

여기서 사진 찍어도 되나요?

그럼요, 물론이죠.

쇼핑할 때

의미 확인하면서 읽기

듣기

쇼핑가는 어디입니까?

Where is the shopping area?

웨어리즈 더 샤핑 에어리어

shopping area 쇼핑가, 쇼핑 구역

백화점은 어디 있어요?

Where is the department store?

웨어리즈 더 디파트먼ㅌ 스토어

면세점은 어디 있어요?

Where is the duty free shop?

웨어리즈 더 듀티 프리 샵

duty free shop 면세점

엘리베이터는 어디 있어요?

Where can I find the elevators?

웨어 캔 아이 파인드 더 엘리베이럴즈

쇼핑 카트 있는 데가 어디죠?

Where can I get a shopping cart?

웨어 캔 아이 겟 어 샤핑 카트

shopping cart (슈퍼마켓 등의) 손님용 손수레

계산대는 어디 있어요?

Where is the checkout?

웨어리즈 더 첵아웃

계산대 직원은 a checkout assistant[operator]

학습일 /

세 번 쓰고 외우기

말하기

Where is the shopping area?

Where is the department store?

Where is the duty free shop?

Where can I find the elevators?

Where can I get a shopping cart?

Where is the checkout?

Conversation

A: Do you have a floor map?
B: Yes, sir. Here it is.

매장 안내도 있습니까?
네, 여기 있습니다.

066 물건을 찾을 때

의미 확인하면서 읽기

듣기

도와드릴까요?

May I help you?

메이 아이 헬프 유

신발 매장은 어디 있어요?

Where can I find the shoes?

웨어 캔 아이 파인드 더 슈즈

Where is the shoe department?라고 해도 된다

화장품 매장은 몇 층이에요?

Which floor is the cosmetics?

위치 플로어 이즈 더 코스메틱스

그냥 둘러보고 있습니다.

I'm just looking.

아임 저슷 룩킹

점원의 간섭 없이 자유롭게 구경하고 싶을 때 쓸 수 있는 표현이다

제가 찾는 물건이 아닙니다.

That's not what I wanted.

댓츠 낫 워라이 원티드

더 작은 것은 없어요?

Don't you have a smaller one?

돈츄 햅 어 스몰러 원

더 큰 사이즈를 찾을 때는 Do you have a larger one?

학습일 /

세 번 쓰고 외우기

말하기

May I help you?

Where can I find the shoes?

Which floor is the cosmetics?

I'm just looking.

That's not what I wanted.

Don't you have a smaller one?

Conversation

A: Could you gift-wrap it?
B: Yes, Ma'am.

선물용으로 포장해 주시겠어요?
네, 사모님.

067 물건을 고를 때

의미 확인하면서 읽기

듣기

입어 봐도 될까요?

Can I try it on?

캔 아이 트라이 잇 온

try on (옷, 신발, 모자 등을) 입어 / 신어 / 써 보다

이건 좀 작네요.

This is a little tight.

디스 이즈 어 리틀 타잇

이 옷은 무슨 천이에요?

What material is this dress made of?

왓 메테리얼 이즈 디스 드레스 메이드 업

이거 세탁기 돌려도 되나요?

Is this machine-washable?

이즈 디스 머신-워셔블

machine-washable 세탁기로 빨 수 있는

저 셔츠 좀 보여주시겠어요?

Will you show me that shirt?

윌 유 쇼우 미 댓 셔츠

이걸로 살게요.

I'll take it.

아일 테익 잇

학습일 /

세 번 쓰고 외우기

말하기

Can I try it on?

This is a little tight.

What material is this dress made of?

Is this machine-washable?

Will you show me that shirt?

I'll take it.

Conversation

A: It looks good on you.

B: It fits perfectly. I'll take it.

잘 어울리시네요.

몸에도 딱 맞아요. 이걸로 살게요.

068 물건 값을 계산할 때

의미 확인하면서 읽기

듣기

얼마예요?

How much is it?

하우 머치 이즈 잇

그냥 How much?라고만 해도 된다

전부 얼마예요?

How much are they in all?

하우 머치 아 데이 인 올

여러 가지 물건을 샀을 때 필요한 표현이다

너무 비싸요.

It's too expensive.

잇츠 투 익스펜십

expensive 비싼, 돈이 많이 드는

좀 깎아주실래요?

Can you give me a discount?

캔 유 깁 미 어 디스카운ㅌ

It's too expensive.에 덧붙여서 깎아달라고 조르는 필수표현이다

가격은 적당하네요.

The price is reasonable.

더 프라이스 이즈 리즈너블

reasonable 타당한, 적당한, 합리적인

신용카드로 지불해도 될까요?

Can I pay with credit cards?

캔 아이 페이 윗 크레딧 카즈

현금으로 계산하겠다고 할 때는 I will pay in cash.

학습일

세 번 쓰고 외우기

말하기

How much is it?

How much are they in all?

It's too expensive.

Can you give me a discount?

The price is reasonable.

Can I pay with credit cards?

Conversation

A: How much are they in all?
B: Twenty-three dollars including tax.

전부 얼마입니까?
세금을 포함해서 23달러입니다.

069 포장이나 배달을 원할 때

의미 확인하면서 읽기

듣기

이것 좀 포장해 주세요.

Could you wrap this?

쿠쥬 랩 디스

wrap (포장지 등으로) 싸다, 포장하다

선물용으로 포장해 주세요.

Wrap it up for a gift.

랩 잇 업 포 어 깁트

명령문도 앞이나 뒤에 please를 붙이면 부드러운 부탁 표현이 된다

선물용으로 포장하는 데 추가로 비용이 드나요?

Is there any extra charge for gift-wrapping?

이즈 데어래니 엑스트라 차지 포 깁트-랩핑

이걸 따로따로 포장해 주세요.

Wrap them separately.

랩 댐 새퍼러틀리

separate 분리하다, 나누다; (따로) 갈라지게 하다, (따로) 떼어놓다

배달해 줍니까?

Do you deliver?

두 유 딜리버

deliver 배달하다

그걸 이 주소로 배달해 주세요.

Please deliver them to this address.

플리즈 딜리버 뎀 투 디스 어드레스

학습일 /

세 번 쓰고 외우기

말하기

Could you wrap this?

Wrap it up for a gift.

Is there any extra charge for gift-wrapping?

Wrap them separately.

Do you deliver?

Please deliver them to this address.

Conversation

A: Do you deliver?

B: No, we don't.

배달 되나요?

아뇨, 안 됩니다.

070 교환이나 환불을 원할 때

의미 확인하면서 읽기

듣기

이걸 교환해 주시겠어요?

Can I exchange this?

캔 아이 익스체인지 디스

물건을 사면서 나중에 바꿀 수 있는지 확인할 때는 Can I exchange it later?

다른 것으로 바꿔 주시겠어요?

Would you exchange it for another?

우쥬 익스체인지 잇 포 어나더

여기 영수증 있습니다.

Here's the receipt.

히어즈 더 리씻

물건을 교환할 때는 꼭 영수증을 가져가야 한다

전혀 작동하지 않습니다.

It doesn't work at all.

잇 더즌ㅌ 웍 앳 올

여기서 work는 '(기계가) 작동하다'라는 의미로 쓰였다

이걸 환불해 주시겠어요?

May I have a refund on this, please?

메이 아이 햅 어 리펀드 온 디스, 플리즈

이 표를 환불 받고 싶은데요.

I'd like to get a refund on this ticket.

아이드 라익 투 겟 어 리펀드 온 디스 티킷

학습일 /

세 번 쓰고 외우기

말하기

Can I exchange this?

Would you exchange it for another?

Here's the receipt.

It doesn't work at all.

May I have a refund on this, please?

I'd like to get a refund on this ticket.

Conversation

A: Would you exchange this for another?
B: Yes, of course. Do you have the receipt?

이걸 다른 것과 교환해 주시겠습니까?
물론이죠. 영수증 가지고 계십니까?

061 - 065 대화 연습

앞에서 배운 대화 내용입니다. 빈 칸을 채워보세요. 기억이 잘 안 난다고요? 걱정마세요. >>

061

A: ____________________ on local attractions?

B: Sure, here it is.

지역 명소에 관한 안내책자 같은 거 있어요?

그럼요, 여기 있습니다.

062

A: ____________________?

B: It'll take about 4 hours.

이 코스를 여행하는 데 시간이 얼마나 걸려요?

대략 4시간 정도 걸릴 거예요.

063

A: Excuse me. ____________________?

B: Go straight for about a mile.

실례합니다. 박물관이 어디 있습니까?

곧장 1마일쯤 가세요.

064

A: ____________________?

B: Yes, of course.

여기서 사진 찍어도 되나요?

그럼요, 물론이죠.

065

A: ____________________?

B: Yes, sir. Here it is.

매장 안내도 있습니까?

네, 여기 있습니다.

>> 녹음이 있잖아요. 녹음을 듣고 써보세요. 장답은 각각의 유닛에서 확인하세요.

066

A: ______________________________?

B: **Yes, Ma'am.**

선물용으로 포장해 주시겠어요?
네, 사모님.

067

A: **It looks good on you.**

B: **It fits perfectly.** ______________________.

잘 어울리시네요.
몸에도 딱 맞아요. 이걸로 살게요.

068

A: ______________________________?

B: **Twenty-three dollars including tax.**

전부 얼마입니까?
세금을 포함해서 23달러입니다.

069

A: ________________________?

B: **No, we don't.**

배달 되나요?
아뇨, 안 됩니다.

070

A: **Would you exchange this for another?**

B: **Yes, of course.** ______________________?

이걸 다른 것과 교환해 주시겠습니까?
물론이죠. 영수증 가지고 계십니까?

071 은행에서

의미 확인하면서 읽기

듣기

현금자동지급기는 어디 있어요?

Where is the ATM?

웨어리즈 디 에이티엠

ATM(automated teller machine) 현금 자동 입출금기

은행 카드를 잃어 버렸어요.

I've lost my bank card.

아이브 로슷 마이 뱅크 카드

달러로 계산하면 얼마가 되죠?

How much is it in dollars?

하우 머치 이즈 잇 인 달러즈

백 달러를 잔돈으로 바꿔주시겠어요?

Can you break a 100-dollar bill?

캔 유 브레익 어 원 헌드렛 달러 빌

이 여행자 수표를 현금으로 바꿔주세요 .

I'd like to cash this traveler's check.

아이드 라익 투 캐시 디스 트래블러즈 첵

계좌를 개설하고 싶은데요.

I'd like to open an account.

아이드 라익 투 오픈 언 어카운트

학습일

세 번 쓰고 외우기

말하기

Where is the ATM?

I've lost my bank card.

How much is it in dollars?

Can you break a 100-dollar bill?

I'd like to cash this traveler's check.

I'd like to open an account.

Conversation

A: Can I change some money here?

B: No, sir. You've got to go to window 5.

여기서 돈을 바꿀 수 있나요?

아닙니다, 선생님. 5번 창구로 가셔야 합니다.

072 우체국에서

의미 확인하면서 읽기

듣기

우표 10장 주세요.

Ten stamps, please.

텐 스템스, 플리즈

여기서 소포용 박스를 파나요?

Do you have parcel boxes here?

두 유 햅 파셀 박시즈 히어

parcel box 소포용 상자

이 소포를 항공편으로 보내주세요.

Send this package by airmail, please.

샌 디스 패키지 바이 에어메일, 플리즈

서울까지 얼마나 걸릴까요?

How long will it take to reach Seoul?

하우 롱 윌 잇 테익 투 리치 서울

항공우편 요금은 얼마예요?

What's the airmail rate?

왓츠 디 에어메일 레잇

by sea-mail 배편으로 by express 속달로

등기로 해주세요.

I'd like to send it by registered mail.

아이드 라익 투 샌드 잇 바이 레지스터드 메일

학습일 /

세 번 쓰고 외우기

말하기

Ten stamps, please.

Do you have parcel boxes here?

Send this package by airmail, please.

How long will it take to reach Seoul?

What's the air mail rate?

I'd like to send it by registered mail.

Conversation

A: I'd like to send this to Korea.

B: Surface mail, airmail, or special delivery?

이것을 한국으로 부치고 싶습니다.

보통우편, 항공우편, 특급배송이 있는데요.

073

이발소에서

의미 확인하면서 읽기

듣기

이발을 하고 싶은데요.

I would like to have a haircut.

아이 우드 라익 투 햅 어 헤어컷

아주 공손한 표현이다

이발과 면도를 해 주세요.

A haircut and shave, please.

어 헤어컷 앤 쉐이브, 플리즈

캐주얼한 표현이다

이발만 해주세요.

Just a haircut, please.

저슷 어 헤어컷, 플리즈

약간만 다듬어 주세요.

Just a little trim.

저슷 어 리틀 트림

trim (끝부분을 잘라 내거나 하여) 다듬다, 손질하다

너무 짧게 하지 마세요.

Not too short, please.

낫 투 숏, 플리즈

머리를 염색하고 싶은데요.

I'd like to dye my hair.

아이드 라익 투 다이 마이 헤어

dye 염색하다

학습일 /

세 번 쓰고 외우기

말하기

I would like to have a haircut.

A haircut and shave, please.

Just a haircut, please.

Just a little trim.

Not too short, please.

I'd like to dye my hair.

Conversation

A: How would you like to do your hair?
B: Just a trim, please.

머리 모양을 어떻게 해드릴까요?
다듬기만 해주세요.

074

미용실에서

의미 확인하면서 읽기

듣기

오늘 오후 3시에 예약하고 싶은데요.

I'd like to have an appointment for 3 p.m.?

아이드 라익 투 햅 언 어포인트먼ㅌ 포 쓰리 피엠

머리는 어떻게 해드릴까요?

How would you like your hair done?

하우 우쥬 라익 유어 헤어 돈

이 헤어스타일이 요즘 유행이에요.

This hairstyle is the latest fashion.

디스 헤어스타일 이즈 더 래이티슷 패션

여기까지 짧게 잘라주실래요?

Can you cut it short, up to here?

캔 유 컷 잇 숏, 업 투 히어

거울 속에서 손으로 가리키며 말하는 표현이다

앞머리는 앞으로 내주세요.

I'd like to cut some bangs.

아이드 라익 투 컷 썸 뱅스

'가지런히 자른 앞머리'를 뜻할 때는 보통 복수(bangs)로 쓴다

자연스럽게 해 주세요.

I want a casual hairdo.

아이 원ㅌ 어 캐주얼 헤어두

hairdo (여자가 매만져서 하고 있는) 머리 모양[헤어스타일]

학습일 /

세 번 쓰고 외우기

말하기

I'd like to have an appointment for 3 p.m.?

How would you like your hair done?

This hairstyle is the latest fashion.

Can you cut it short, up to here?

I'd like to cut some bangs.

I want a casual hairdo.

Conversation

A: How about getting a perm?

B: OK, then a soft perm, please.

파마를 하시는 게 어때요?

좋아요. 약하게 파마를 해 주세요.

075

세탁소에서

의미 확인하면서 읽기

듣기

이 양복 드라이해 주세요.

I need to get this suit dry cleaned.

아이 닛 투 겟 디스 슈트 드라이 클린드

suit 정장

이 얼룩 좀 빼주세요.

Can you remove the stains?

캔 유 리무브 더 스테인즈

remove (불쾌하거나 더러운 것을) 없애다, 제거하다

언제쯤 다 될까요?

When is it ready?

웬 이즈 잇 레디

When will it be ready?라고 해야 하지만 회화에서는 간편한 표현이 많이 쓰인다

이 바지 단 좀 줄여주실래요?

Can you hem these pants?

캔 유 햄 디즈 팬츠

hem 단을 만들다[올리다]

세탁비용은 얼마예요?

How much do you charge for laundry?

하우 머치 두 유 차지 포 런드리

내일 아침까지 이 셔츠가 필요해요.

I need this shirt by tomorrow morning.

아이 닛 디스 셧 바이 터마로우 모닝

학습일 /

세 번 쓰고 외우기

말하기

I need to get this suit dry cleaned.

Can you remove the stains?

When is it ready?

Can you hem these pants?

How much do you charge for laundry?

I need this shirt by tomorrow morning.

Conversation

A: May I help you?
B: I need to get this suit dry cleaned.

무엇을 도와 드릴까요?
이 셔츠 좀 드라이해 주세요.

071 - 075 대화 연습

앞에서 배운 대화 내용입니다. 빈 칸을 채워보세요. 기억이 잘 안 난다고요? 걱정마세요.
녹음이 있잖아요. 녹음을 듣고 써보세요. 장답은 각각의 유닛에서 확인하세요.

071

A: ______________________________?

B: **No, sir. You've got to go to window 5.**

여기서 돈을 바꿀 수 있나요?
아닙니다, 선생님. 5번 창구로 가셔야 합니다.

072

A: ______________________________.

B: **Surface mail, airmail, or special delivery?**

이것을 한국으로 부치고 싶습니다.
보통우편, 항공우편, 특급배송이 있는데요.

073

A: **How would you like to do your hair?**

B: ____________________ .

머리 모양을 어떻게 해드릴까요?
다듬기만 해주세요.

074

A: **How about getting a perm?**

B: **OK,** ____________________________.

파마를 하시는 게 어때요?
좋아요. 약하게 파마를 해 주세요.

075

A: **May I help you?**

B: ______________________________.

무엇을 도와 드릴까요?
이 셔츠 좀 드라이해 주세요.

이제 회화책 한 권 정도는
만만하게 쓰면서 말할 수 있다.

PART

04

전화 · 사교 · 긴급 표현

076 전화를 걸 때

의미 확인하면서 읽기

듣기

제인이니?

Is Jane in?

이즈 제인 인

요즘은 거의 휴대폰으로 전화를 하기 때문에 바로 이렇게 묻는다

제인 있어요?

Is Jane there, please?

이즈 제인 데어, 플리즈

집이나 회사로 전화를 했을 때 묻는 표현이다

제인 좀 바꿔주세요.

May I speak to Jane?

메이 아이 스픽 투 제인

톰인데요, 제인 좀 바꿔주세요.

This is Tom calling for Jane.

디스 이즈 탐 콜링 포 제인

자신을 먼저 밝히는 표현이다

제인과 통화하고 싶습니다.

I'd like to speak to Jane, please.

아이드 라익 투 스픽 투 제인, 플리즈

굉장히 공손한 표현이다

말씀 좀 전해주시겠어요?

Could you take a message?

쿠쥬 테익 어 메시지

학습일 /

세 번 쓰고 외우기

말하기

Is Jane in?

Is Jane there, please?

May I speak to Jane?

This is Tom calling for Jane.

I'd like to speak to Jane, please.

Could you take a message?

Conversation

A: Hello, Is Jane there, please?
B: Yes, speaking.

여보세요. 제인 있어요?
네, 전데요.

077

전화를 받을 때

의미 확인하면서 읽기

듣기

잠깐만 기다리세요.

Just a moment, please.

저슷 어 모먼, 플리즈

전화를 끊지 말고 잠깐 기다리라고 말하는 표현이다

잠깐만요.

Hang on a sec.

행 온 어 섹

제인 바꿀게요.

I'll get Jane.

아일 겟 제인

그이에게 전화 드리라고 할까요?

Do you want him to call you back?

두유 원ㅌ 힘 투 콜 유 백

찾는 사람이 자리에 없을 때 쓸 수 있는 표현이다

지금 다른 전화를 받고 계십니다.

He's on another line right now.

히즈 온 어나더 라인 라잇 나우

right now 지금은

지금 회의 중입니다.

He's in a meeting.

히즈 인 어 미팅

in a meeting 회의 중인

학습일 /

세 번 쓰고 외우기

말하기

Just a moment, please.

Hang on a sec.

I'll get Jane.

Do you want him to call you back?

He's on another line right now.

He's in a meeting.

Conversation

A: Hello, This is Jane calling for Tom.

B: I'm sorry, but he's not here at the moment.

여보세요, 제인인데요, 톰 좀 바꿔주세요.

미안하지만, 지금 없는데요.

078 찾는 사람이 부재중일 때

의미 확인하면서 읽기

듣기

지금 자리에 안 계십니다.

He's not at his desk.

히즈 낫 앳 히스 데스크

at one's desk ~의 자리에

그녀는 지금 없는데요.

She's not here right now.

쉬즈 낫 히얼 라잇 나우

언제 돌아옵니까?

When will he be back?

웬 윌 히 비 백

When will he return?이라고 해도 된다

메시지를 남겨도 될까요?

Can I leave a message for him?

캔 아이 리브 어 메시지 포 힘

leave a message 전언을 남기다

나중에 다시 전화하겠습니다.

I'll call again later.

아일 콜 어겐 래이러

제가 전화했다고만 전해 주세요.

Just tell him I called, please.

저슷 텔 힘 아이 콜드, 플리즈

학습일

세 번 쓰고 외우기

말하기

He's not at his desk.

She's not here right now.

When will he be back?

Can I leave a message for him?

I'll call again later.

Just tell him I called, please.

Conversation

A: Do you want him to call you back?
B: Yes, please. My name is Jane Austen.

전화 드리라고 할까요?
네, 그래 주세요. 저는 제인 오스틴입니다.

079 약속을 정할 때

의미 확인하면서 읽기

듣기

지금 뵈러 가도 될까요?

May I call on you now?

메이 아이 콜 온 유 나우

call on 방문하다

몇 시에 만날까요?

What time shall we meet?

왓 타임 쉘 위 밋

What time 몇 시 meet 만나다

몇 시가 편해요?

What time is convenient for you?

왓 타임 이즈 컨비넌ㅌ 포 유

convenient for ~에게 편리한

몇 시가 가장 좋으세요?

What time is the best?

왓 타임 이즈 더 베슷

suit (~에게) 편리하다, 맞다, 괜찮다

점심 약속 있으세요?

How are you fixed for lunch?

하우 아 유 픽스트 포 런치

'(~은) 어떻게 되지?'라는 뜻으로 상대방의 약속 등에 대해 묻는 표현이다

어디서 만날까요?

Where shall we meet?

웨어 쉘 위 밋

학습일 /

세 번 쓰고 외우기

말하기

May I call on you now?

What time shall we meet?

What time is convenient for you?

What time is the best?

How are you fixed for lunch?

Where shall we meet?

Conversation

A: Can I see you, today?

B: I can't make it today, How about tomorrow?

오늘 만날 수 있을까요?

오늘은 안 되겠는데, 내일은 어때요?

080 약속 제의에 응답할 때

의미 확인하면서 읽기

듣기

좋아요.

That'll be fine.

댓일 비 파인

언제라도 좋을 때 오세요.

Come (at) any time you like.

컴 (앳) 애니 타임 유 라익

You are welcome at any time.라고 해도 된다

언제라도 좋아요.

Any time.

애니 타임

appointment는 개인적인 약속보다는 업무 등의 공식적인 약속에 쓴다

미안하지만 선약이 있어요.

Unfortunately, I have an appointment.

언퍼처내이틀리, 아이 햅 언 어포인먼트

오늘은 안 되겠는데 내일은 어때요?

I can't make it today. How about tomorrow?

아이 캔ㅌ 메익 잇 투데이. 하우 어바웃 터마로우

날짜를 다시 정할 수 있을까요?

Could we reschedule the date?

쿳 위 리스케줄 더 데잇

reschedule 일정을 변경하다

학습일 /

세 번 쓰고 외우기

말하기

That'll be fine.

Come (at) any time you like.

Any time.

Unfortunately, I have an appointment.

I can't make it today. How about tomorrow?

Could we reschedule the date?

Conversation

A: Jane, why don't we have a drink after work?

B: I'd love to.

제인, 일 끝나고 한 잔 할래요?

좋아요.

081 초대할 때

의미 확인하면서 읽기

듣기

저희집에 오시겠어요?

Would you like to come to my place?

우쥬 라익 투 컴 투 마이 플레이스

저희집에 식사하러 오시겠어요?

Can you come over to my place for dinner?

캔 유 컴 오버 투 마이 플레이스 포 디너

언제 한번 놀러 오세요.

Please come and see me sometime.

플리즈 컴 앤 씨 미 썸 타임

언제 한번 들르세요.

Please drop by sometime.

플리즈 드랍 바이 썸타임

sometime은 '언젠가'라는 뜻이고 some time은 '얼마 동안의 시간'이라는 뜻이다

언제 식사나 한번 같이 합시다.

Let's have lunch sometime.

렛츠 햅 런치 썸타임

점심 같이 하자고 가볍게 초대하는 표현이다

제 생일 파티에 와 주세요.

Please come to my birthday party.

플리즈 컴 투 마이 벌스데이 파티

학습일 /

세 번 쓰고 외우기

말하기

Would you like to come to my place?

Can you come over to my place for dinner?

Please come and see me sometime.

Please drop by sometime.

Let's have lunch sometime.

Please come to my birthday party.

Conversation

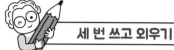

A: How about having dinner with me tonight?
B: I'd love to. Where shall we meet?

오늘밤에 저와 저녁식사 하실래요?
좋아요. 어디서 만날까요?

082 초대에 응답할 때

의미 확인하면서 읽기

듣기

좋아요.

Great!

그레잇

꼭 갈게요.

I'll be there.

아일 비 데어

기꺼이 가겠습니다.

I'll be glad to come.

아일 비 글랫 투 컴

'기꺼이 그러겠습니다'라는 공손한 대답이다

좋아요.

That sounds good.

댓 사운즈 굿

초대해 주셔서 감사합니다.

That's very kind of you.

댓츠 베리 카인드 업 유

'마음 써줘서 고마워요'라는 공손한 대답이다

미안하지만 갈 수 없습니다.

I'm sorry I can't.

아임 쏘리 아이 캔ㅌ

초대에 응할 수 없을 때 쓸 수 있는 표현이다

학습일
/

세 번 쓰고 외우기

말하기

Great!

I'll be there.

I'll be glad to come.

That sounds good.

That's very kind of you.

I'm sorry I can't.

Conversation

A: We're having a party tonight. Can you come?

B: Sure. I'll be there.

오늘밤에 파티할 건데 올래?

그럼. 꼭 갈게.

083

방문할 때

의미 확인하면서 읽기

듣기

브라운 씨 댁입니까?

Is this Mr. Brown's residence?

이즈 디스 미스터 브라운즈 레지던스

residence 주택, 거주지(특히 크고 웅장한 것)

브라운씨 계세요?

Is Mr. Brown in?

이즈 미스터 브라운 인

인사하려고 잠깐 들렀습니다.

I just dropped in to say hello.

아이 저슷 드랍트 인 투 쎄이 헬로우

drop in 잠깐 들르다

나중에 다시 오겠습니다.

I'll come again later.

아일 컴 어겐 레이러

찾는 사람이 없을 때 다음을 기약하는 표현이다

집이 깨끗하고 예쁘네요.

You have a bright and lovely home.

유 햅 어 브라잇 앤 러블리 홈

이거 받으세요.

Here's something for you.

히어즈 썸씽 포 유

선물을 줄 때 쓸 수 있는 표현이다

학습일 /

세 번 쓰고 외우기

말하기

Is this Mr. Brown's residence?

Is Mr. Brown in?

I just dropped in to say hello.

I'll come again later.

You have a bright and lovely home.

Here's something for you.

Conversation

A: Am I too early?

B: No, Alan and Emily are already here.

제가 너무 일찍 왔나요?

아니에요, 알렌과 에밀리가 벌써 와 있어요.

084

방문객을 맞이할 때

의미 확인하면서 읽기

듣기

어서 오세요.

You're most welcome.

유아 모슷 웰컴

대환영이라는 의미이다

와 줘서 정말 고마워요.

Thank you so much for coming.

땡큐 쏘 머치 포 커밍

와줘서 고맙다는 의미이다

안으로 들어오세요.

Come in, please.

컴 인, 플리즈

앉으세요.

Please sit down.

플리즈 씻 다운

편히 계세요.

Please make yourself at home.

플리즈 메익 유어셀프 앳 홈

우리 집을 구경시켜 드릴게요.

Let me show you around my house.

렛 미 쇼우 유 어라운 마이 하우스

학습일 /

세 번 쓰고 외우기

말하기

You're most welcome.

Thank you so much for coming.

Come in, please.

Please sit down.

Please make yourself at home.

Let me show you around my house.

Conversation

A: Please make yourself at home.
B: Thank you. I feel at home already.

편하게 계세요.
고마워요. 이미 편안해요.

085 방문객을 대접할 때

의미 확인하면서 읽기

듣기

저녁식사 준비 됐어요.

Dinner is ready.

디너 이즈 래디

be ready ~할 준비가 되다

한국 음식 좋아하세요?

Do you like Korean food?

두 유 라익 코리언 푸드

많이 드세요.

Please help yourself.

플리즈 헬프 유어셀프

help yourself (음식을) 마음대로[양껏] 드세요

입맛에 맞으시면 좋겠어요.

I hope you like it.

아이 홉 유 라익 잇

식사에 초대한 사람이 으레 하는 말이다

후식으로 이 초콜릿 푸딩을 드셔 보세요.

Try this chocolate pudding for dessert.

트라이 디스 초콜릿 푸딩 포 디젓

디저트 좀 더 드실래요?

Would you like some more dessert?

우쥬 라익 썸 모어 디젓

학습일 /

세 번 쓰고 외우기

말하기

Dinner is ready.

Do you like Korean food?

Please help yourself.

I hope you like it.

Try this chocolate pudding for dessert.

Would you like some more dessert?

Conversation

A: Would you like some more dessert?
B: No, thanks, I'm stuffed.

디저트 좀 더 드실래요?
고맙지만 배불러요.

076 - 080 대화 연습

앞에서 배운 대화 내용입니다. 빈 칸을 채워보세요. 기억이 잘 안 난다고요? 걱정마세요. >>

076

A: ______________________________?

B: **Yes, speaking.**

여보세요. 제인 있어요?

네, 전데요.

077

A: **Hello, This is Jane calling for Tom.**

B: **I'm sorry, but ______________________________.**

여보세요, 제인인데요, 톰 좀 바꿔주세요.

미안하지만 지금 없는데요.

078

A: ______________________________?

B: **Yes, please. My name is Jane Austen.**

전화 드리라고 할까요?

네, 그래 주세요. 저는 제인 오스틴입니다.

079

A: ______________________________?

B: **I can't make it today, How about tomorrow?**

오늘 만날 수 있을까요?

오늘은 안 되겠는데, 내일은 어때요?

080

A: **Jane, why don't we have a drink after work?**

B: ______________________________.

제인, 일 끝나고 한 잔 할래요?

좋아요.

>> 녹음이 있잖아요. 녹음을 듣고 써보세요. 장답은 각각의 유닛에서 확인하세요.

081

A: ______________________________?

B: **I'd love to. Where shall we meet?**

오늘밤에 저와 저녁식사 하실래요?

좋아요. 어디서 만날까요?

082

A: **We're having a party tonight. Can you come?**

B: ______________________________.

오늘밤에 파티할 건데 올래?

그럼. 꼭 갈게.

083

A: ______________________________?

B: **No, Alan and Emily are already here.**

제가 너무 일찍 왔나요?

아니에요, 알렌과 에밀리가 벌써 와 있어요.

084

A: ______________________________.

B: Thank you. I feel at home already.

편히 계세요.

고마워요. 이미 편안해요.

085

A: **Would you like some more dessert?**

B: ______________________________.

디저트 좀 더 드실래요?

고맙지만 배불러요.

086 방문을 마칠 때

의미 확인하면서 읽기

듣기

이제 가봐야겠어요.

I think I should get going.

아이 씽ㅋ 아이 슏 겟 고우잉

이렇게 늦었는지 몰랐어요.

I didn't realize how late it was.

아이 디든ㅌ 리얼라이즈 하우 레잇 잇 워즈

realize 깨닫다, 알아차리다

정말 맛있는 식사였어요.

Thank you for the nice dinner.

땡큐 포 더 나이스 디너

이야기 즐거웠어요.

I've enjoyed talking with you.

아이브 인조이드 토킹 윋 유

talk with ~와 이야기를 나누다

정말 즐거웠어요.

I've really enjoyed myself.

아이브 리얼리 인조이드 마이셀프

우리 집에 언제 한번 오세요.

Come over to my place sometime.

컴 오버 투 마이 플레이스 썸타임

학습일 /

세 번 쓰고 외우기

말하기

I think I should get going.

I didn't realize how late it was.

Thank you for the nice dinner.

I've enjoyed talking with you.

I've really enjoyed myself.

Come over to my place sometime.

Conversation

A: I've had a great time. Thank you.
B: Oh, the pleasure was all mine.

정말 즐거웠어요. 감사합니다.
아니에요, 오히려 제가 즐거웠어요.

087 난처할 때

의미 확인하면서 읽기

듣기

문제가 생겼어요.

I have a problem.

아이 햅 어 프라블럼

problem (다루거나 이해하기 힘든) 문제

어렵군요.

That's difficult.

댓츠 디피컬트

difficult 어려운, 힘든; 힘겨운, 곤란한

어떡하면 좋을지 모르겠어요.

I'm at a loss.

아임 앳 어 로스

be at a loss 어쩔 줄을 모르다

꼼짝 못하게 갇혔어요.

I'm stuck.

아임 스턱

be[get] stuck 꼼짝도 못하다

최악이야.

It's terrible.

잇츠 테러블

죽을 지경이에요.

I'm on the ropes.

아임 온 더 롭스

on the ropes 패배하기 직전의

학습일 /

세 번 쓰고 외우기

말하기

I have a problem.

That's difficult.

I'm at a loss.

I'm stuck.

It's terrible.

I'm on the ropes.

Conversation

A: What's wrong with you?
B: I'm on the ropes.

뭐가 잘못 됐어요?
죽을 지경이에요.

088 말이 통하지 않을 때

의미 확인하면서 읽기

듣기

미안하지만 다시 한번요?

Pardon?

파든

원래는 I beg your pardon?이지만흔히 Beg your pardon? 또는 Pardon?으로 줄여 쓴다

다시 한번 말씀해주시겠어요?

Would you repeat that?

우쥬 리핏 댓

repeat 반복하다, 한 번 더[거듭] 말하다

좀 더 천천히 말씀해 주시겠어요?

Would you speak more slowly?

우쥬 스픽 모어 슬로리

slowly 천천히, 느리게

이 단어의 의미는 무엇입니까?

What does this word mean?

왓 더즈 디스 워드 민

mean …라는 뜻[의미]이다, …을 뜻하다

여기 한국어를 하는 사람 있어요?

Does anyone here speak Korean?

더즈 애니원 히어 스픽 코리언

미안합니다만, 못 들었어요.

I'm sorry, but I couldn't hear you.

아임 쏘리, 벗 아이 쿠든ㅌ 히어 유

학습일 /

세 번 쓰고 외우기

말하기

Pardon?

Would you repeat that?

Would you speak more slowly?

What does this word mean?

Does anyone here speak Korean?

I'm sorry, but I couldn't hear you.

Conversation

A: Do you speak English?
B: I don't speak English well.

영어하세요?
영어를 잘하지는 못합니다.

089 위급한 상황일 때

의미 확인하면서 읽기

듣기

무엇을 원하세요?

What do you want?

왓 두 유 원ㅌ

위협을 받고 있는 상황에서 시간을 벌 수 있는 질문 가운데 하나

그만 두세요!

Stop it!

스탑 잇

잠깐! 뭘 하는 겁니까?

Hey! What are you doing?

헤이! 워라 유 두잉

가까이 오지 마세요.!

Stay away from me!

스테이 어웨이 프럼 미

도와주세요!

Help me!

핼프 미

경찰 아저씨!

Police!

폴리스

학습일 /

세 번 쓰고 외우기

말하기

What do you want?

Stop it!

Hey! What are you doing?

Stay away from me!

Help me!

Police!

Conversation

A: 911 emergency Services.
B: Help me, I'm in the pit!

911 긴급구조대입니다.
도와주세요, 구덩이에 빠졌어요!

090 물건을 분실했을 때

의미 확인하면서 읽기

듣기

지갑을 잃어버렸어요.

I lost my wallet.

아이 로슷 마이 월릿

wallet 지갑

여권을 잃어버렸어요.

I have lost my passport.

아이 햅 로슷 마이 패스폿

passport 여권

그걸 어디서 잃어버렸는지 기억이 안 나요.

I don't remember where I left it.

아이 돈ㅌ 리멤버 웨어라이 랩트 잇

remember 기억하다

택시에 가방을 두고 내렸어요.

I left my bag in a taxi.

아이 렙트 마이 백 인 어 택시

이 근처에서 가방 하나 보셨어요?

Did you see a bag around here?

디쥬 씨 어 백 어라운 히어

분실물 센터는 어디입니까?

Where is the lost and found?

웨어리즈 더 로슷 앤 파운드

lost and found 분실물 취급소(= lost property office)

학습일 /

세 번 쓰고 외우기

말하기

I lost my wallet.

I have lost my passport.

I don't remember where I left it.

I left my bag in a taxi.

Did you see a bag around here?

Where is the lost and found?

Conversation

A: Where have you lost it?
B: I can't quite remember.

어디서 잃어버렸나요?
기억이 가물가물해요.

091

도난당했을 때

의미 확인하면서 읽기

듣기

지갑을 잃어버렸어요.

I lost my purse.

아이 로슷 마이 펄스

be robbed of 강탈당하다 purse (여성용의 작은) 지갑

도난신고를 하고 싶어요.

I'd like to report a theft.

아이드 라익 투 리폿 어 쎄프트

report a theft 도둑을 신고하다

옷가방을 도난당했어요.

I had my suitcase stolen.

아이 햇 마이 슈케이스 스톨른

have stolen 도둑맞다

지갑을 소매치기 당한 것 같아요.

My wallet was taken by a pickpocket.

마이 왈릿 워즈 테이큰 바이 어 픽포킷

소매치기야!

Pickpocket!

픽포킷

pickpocket 소매치기(꾼)

경찰을 불러 주세요.

Call the police!

콜 더 폴리스

학습일 /

세 번 쓰고 외우기

말하기

I lost my purse.

I'd like to report a theft.

I had my suitcase stolen.

My wallet was taken by a pickpocket.

Pickpocket!

Call the police!

Conversation

A: My purse was stolen!

B: Oh, report the card missing first.

지갑을 도둑 맞았어요!

어머나, 카드분실 신고부터 하세요.

092 교통사고가 났을 때

의미 확인하면서 읽기

듣기

오늘 아침에 교통사고를 당했어요.

I had a traffic accident this morning.

아이 햇 어 트래픽 액씨던트 디스 모닝

제 탓이 아니에요.

It wasn't my fault.

잇 워즌ㅌ 마이 펄트

fault 잘못, 책임

그의 차가 내 차 옆면을 들이받았어요.

His car hit the side of my car.

히즈 카 힛 더 사이드 업 마이 카

hit 들이받다

내 차가 조금 찌그러졌어요.

My car has some dents.

마이 카 해즈 썸 덴츠

dent (단단한 표면을 세게 쳐서) 움푹 들어가게 만들다, 찌그러뜨리다

보험 처리가 될까요?

Will the insurance cover it?

윌 디 인슈어런스 커버 잇

insurance 보험

구급차를 불러 주세요.

Please call an ambulance!

플리즈 콜 언 앰뷸런스

학습일 /

세 번 쓰고 외우기

말하기

I had a traffic accident this morning.

It wasn't my fault.

His car hit the side of my car.

My car has some dents.

Will the insurance cover it?

Please call an ambulance!

Conversation

A: There was a car accident.
B: When did it happen?

교통사고가 있었어요.
언제 사고가 일어났습니까?

093 병원에서

의미 확인하면서 읽기

듣기

이 근처에 병원이 있습니까?

Is there a hospital near here?

이즈 데어러 하스피털 니어 히어

hospital 병원

병원으로 데려가 주세요.

Could you take me to a hospital, please?

쿠쥬 테익 미 투 어 하스피털, 플리즈

진료예약을 할 수 있을까요?

Can I make a doctor's appointment?

캔 아이 메익 어 닥터스 어포인트먼ㅌ

외래환자 입구는 어디입니까?

Where's the entrance for out-patients?

웨어즈 디 엔트런스 포 아웃-페이션츠

접수창구는 어디입니까?

Where's the reception desk?

웨어즈 더 리셉션 데스크

reception desk 접수처, 프런트

진료실은 어디입니까?

Where's the doctor's office?

웨어즈 더 닥터스 어피스

doctor's office 진찰실, 진료실

학습일

세 번 쓰고 외우기

말하기

Is there a hospital near here?

Could you take me to a hospital, please?

Can I make a doctor's appointment?

Where's the entrance for out-patients?

Where's the reception desk?

Where's the doctor's office?

Conversation

A: Excuse me, where's the reception desk?

B: Go up this way, it's on your right side.

실례합니다. 접수처가 어디 있어요?

이 길로 곧장 가시면 오른쪽에 있습니다.

094 증세를 물을 때

의미 확인하면서 읽기

듣기

어디가 아파서 오셨습니까?

What brings you in?

왓 브링스 유 인

여기가 아픕니까?

Have you any pain here?

햅 유 애니 패인 히어

의사가 손으로 누르면서 하는 질문(= Is there any pain here?)

어디가 아프세요?

Where do you have pain?

웨어 두 유 햅 패인

외상적 질문

이렇게 아픈지 얼마나 됐습니까?

How long have you had this pain?

하우 롱 햅 유 햇 디스 패인

또 다른 증상이 있습니까?

Do you have any other symptoms with it?

두 유 햅 애니 아더 심텀즈 윗 잇

오늘은 좀 어떠세요?

How do you feel today?

하우 두 유 필 투데이

학습일 /

세 번 쓰고 외우기

말하기

What brings you in?

Have you any pain here?

Where do you have pain?

How long have you had this pain?

Do you have any other symptoms with it?

How do you feel today?

Conversation

A: Is something wrong with you?
B: I have a headache.

어디가 아프세요?
머리가 아파요.

095 증상을 설명할 때

의미 확인하면서 읽기

듣기

어지러워요.

I feel dizzy.

아이 필 디지

구역질이 나요.

I feel nauseous.

아이 필 노지어스

feel nauseated 구역질이 나다

식욕이 없어요.

I don't have any appetite.

아이 돈ㅌ 햅 애니 애퍼타잇

appetite 식욕

배탈이 났어요.

My stomach is upset.

마이 스터먹 이즈 업셋

배탈이 나거나 속이 메슥거릴 때 쓰는 표현이다

눈이 피곤해요.

My eyes feel tired.

마이 아이즈 필 타이어드

feel tired 피로를 느끼다

콧물이 나요.

I have a runny nose.

아이 햅 어 러니 노우즈

have a running nose 콧물이 나다

학습일 /

세 번 쓰고 외우기

말하기

I feel dizzy.

I feel nauseous.

I don't have any appetite.

My stomach is upset.

My eyes feel tired.

I have a runny nose.

A: How long have you been coughing?
B: Oh, about three days.

기침한 지 얼마나 됐어요?
아, 한 사흘쯤 됐어요.

086 - 090 대화 연습

앞에서 배운 대화 내용입니다. 빈 칸을 채워보세요. 기억이 잘 안 난다고요? 걱정마세요. >>

086

A: ______________________________. Thank you.

B: Oh, the pleasure was all mine.

정말 즐거웠어요. 감사합니다.

아니에요, 오히려 제가 즐거웠어요.

087

A: What's wrong with you?

B: ______________________________.

뭐가 잘못 됐어요?

죽을 지경이에요.

088

A: ____________________________________?

B: I don't speak English well.

영어하세요?

영어를 잘하지는 못합니다.

089

A: 911 emergency Services.

B: _________________, I'm in the pit!

911 긴급구조대입니다.

도와주세요, 구덩이에 빠졌어요!

090

A: ______________________________?

B: I can't quite remember.

어디서 잃어버렸나요?

기억이 가물가물해요.

>> 녹음이 있잖아요. 녹음을 듣고 써보세요. 장답은 각각의 유닛에서 확인하세요.

091

A: My purse was stolen!

B: Oh, ______________________________.

지갑을 도둑맞았어요!

어머나, 카드분실 신고부터 하세요.

092

A: ______________________________.

B: When did it happen?

교통사고가 있었어요.

언제 사고가 일어났습니까?

093

A: Excuse me, ______________________________?

B: Go up this way, it's on your right side.

실례합니다. 접수처가 어디 있어요?

이 길로 곧장 가시면 오른쪽에 있습니다.

094

A: ______________________________?

B: I have a headache.

어디가 아프세요?

머리가 아파요.

095

A: ______________________________?

B: Oh, about three days.

기침한 지 얼마나 됐어요?

아, 한 사흘쯤 됐어요.

096 아픈 곳을 말할 때

의미 확인하면서 읽기

듣기

머리가 아파요.

I have a headache.

아이 햅 어 해드에익

headache 두통

눈이 따끔거려요.

My eyes feel sandy.

마이 아이즈 필 샌디

feel sandy 모래가 든 것처럼 느끼다

이가 아파요.

I have a toothache.

아이 햅 어 투쓰에익

toothache 치통

목이 아파요.

I have a sore throat.

아이 햅 어 쏘어 쓰롯

have a sore throat 목이 아프다[따갑다]

무릎이 아파요.

I have a pain in my knee.

아이 햅 어 패인 인 마이 니

knee 무릎

어깨가 뻐근해요.

My shoulders are stiff.

마이 숄더즈 아 스팁

stiff 뻣뻣한, 뻑뻑한

학습일 /

세 번 쓰고 외우기

말하기

I have a headache.

My eyes feel sandy.

I have a toothache.

I have a sore throat.

I have a pain in my knee.

My shoulders are stiff.

Conversation

A: My eyes get red and tired easily.

B: Put your forehead on here.

눈이 쉬 충혈되고 피곤해요.

이마를 여기에 대세요.

097 검진을 받을 때

의미 확인하면서 읽기

듣기

진찰해 봅시다.

Let me see.

렛 미 씨

누우세요.

Please lie down.

플리즈 라이 다운

체온을 재 봅시다.

Let's take your temperature.

렛츠 테익 유어 템퍼러처

temperature 체온; (몸의) 신열[고열]

혈압을 재 봅시다.

Let's take your blood pressure.

렛츠 테익 유어 블러드 프레셔

blood pressure 혈압

목을 검사해 보겠습니다.

Let me examine your throat.

렛 미 이그재민 유어 쓰롯

examine 검사하다

내려오세요.

Get down.

겟 다운

학습일 /

세 번 쓰고 외우기

말하기

Let me see.

Please lie down.

Let's take your temperature.

Let's take your blood pressure.

Let me examine your throat.

Get down.

Conversation

A: Have you ever had any serious problems?
B: Yes, I had tuberculosis when I was a child.

큰 질병을 앓은 적이 있으세요?
네, 어릴 때에 결핵을 앓았습니다.

098 입원 또는 퇴원할 때

의미 확인하면서 읽기

듣기

1인실로 주세요.

I want to have a private room.

아이 원투 햅 어 프리베잇 룸

a private room 1인실, 전용실

공동 병실도 괜찮아요.

I'll be all right in a ward.

아일 비 올 라잇 인 어 워드

in a ward 병동에

꼭 입원해야 한가요?

Do I have to go to the hospital?

두 아이 햅 투 고우 투 더 하스피틀

have to …해야 한다

얼마나 입원해야 해요?

How long will I have to be in the hospital?

하우 롱 윌 아이 햅 투 비 인 더 하스피틀

입원해도 보험이 적용될까요?

Will my insurance policy cover hospitalization?

윌 마이 인슈어런스 폴리시 커버 하스피틀라이제이션

언제 퇴원할 수 있죠?

When can I leave the hospital?

웬 캔 아이 리브 더 하스피틀

학습일 /

세 번 쓰고 외우기

말하기

I want to have a private room.

I'll be all right in a ward.

Do I have to go to the hospital?

How long will I have to be in the hospital?

Will my insurance policy cover hospitalization?

When can I leave the hospital?

Conversation

A: When can I leave the hospital?
B: You'll be ready in a week.

언제 퇴원할 수 있죠?
일주일 후에는 퇴원해도 될 겁니다.

099 병문안할 때

의미 확인하면서 읽기

듣기

면회 시간은 언제죠?

What time are visiting hours?

왓 타임 아 비지팅 아워즈

visiting hours (병원 등의) 면회 시간

외과 병동은 어디 있어요?

Where is the surgical ward?

웨어리즈 더 서지컬 워드

surgical ward 외과진료실

생각보다 건강해 보이네요.

You look better than I expected.

유 룩 베러 댄 아이 익스펙티드

better than ~보다 낫다

틀림없이 곧 완쾌될 겁니다.

I'm sure you'll be completely cured.

아임 슈어 유일 비 컴플리틀리 큐어드

편하게 생각하고 푹 쉬세요.

Just take everything easy and relax.

저슷 테익 애브리씽 이지 앤 릴렉스

몸조리 잘 하세요.

Please take good care of yourself.

플리즈 테익 굿 케어 업 유어셀프

학습일 /

세 번 쓰고 외우기

말하기

What time are visiting hours?

Where is the surgical ward?

You look better than I expected.

I'm sure you'll be completely cured.

Just take everything easy and relax.

Please take good care of yourself.

Conversation

A: Please take care of yourself.
B: Thank you for coming by.

몸조리 잘 하세요.
와줘서 고마워요.

100

약국에서

의미 확인하면서 읽기

듣기

이 약은 처방전이 필요합니까?

Is this a prescription drug?

이즈 디스 어 프리스크립션 드럭

prescriptions 처방전

이 처방전을 조제해 주시겠어요?

Would you make up this prescription, please?

우쥬 메익 업 디스 프리스크립션, 플리즈

붕대와 거즈 주세요.

I'd like some bandages and gauze.

아이드 라익 썸 밴디지스 앤 거즈

medicine (특히 액체로 된) 약, 약물

감기약 주세요.

I'd like some medicine for the cold.

아이드 라익 썸 메디슨 포 더 콜드

여기 진통제가 들어 있습니까?

Is there any pain-killer in this?

이즈 데어 애니 페인-킬러 인 디스

pain-killer 진통제 relieve (불쾌감, 고통 등을) 없애[덜어] 주다

이 약을 먹으면 통증이 가라앉을까요?

Will this medicine relieve my pain?

윌 디스 메디슨 릴리브 마이 페인

학습일 /

세 번 쓰고 외우기

말하기

Is this a prescription drug?

Would you make up this prescription, please?

I'd like some bandages and gauze.

I'd like some medicine for the cold.

Is there any pain-killer in this?

Will this medicine relieve my pain?

Conversation

A: How many times a day should I take this?
B: You should take it every four hours.

하루에 몇 번 먹어요?
4시간마다 드세요.

096 - 100 대화 연습

앞에서 배운 대화 내용입니다. 빈 칸을 채워보세요. 기억이 잘 안 난다고요? 걱정마세요. >>

096

A: ______________________________.

B: **Put your forehead on here.**

눈이 쉬 충혈되고 피곤해요.

이마를 여기에 대세요.

097

A: ______________________________?

B: **Yes, I had tuberculosis when I was a child.**

큰 질병을 앓은 적이 있으세요?

네, 어릴 때에 결핵을 앓았습니다.

098

A: ______________________________?

B: **You'll be ready in a week.**

언제 퇴원할 수 있죠?

일주일 후에는 퇴원해도 될 겁니다.

099

A: ______________________________.

B: **Thank you for coming by.**

몸조리 잘 하세요.

와줘서 고마워요.

100

A: ______________________________?

B: **You should take it every four hours.**

하루에 몇 번 먹어요?

4시간마다 드세요.

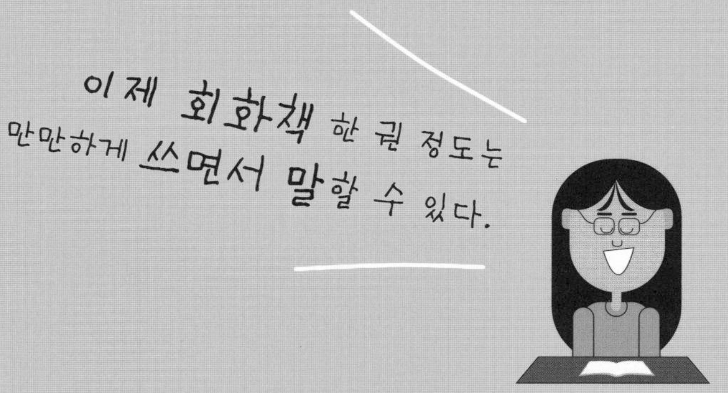

부록

회화를 위한 기본단어

형태 shape

- ☐ line 선
- ☐ dot 점
- ☐ triangle 삼각형
- ☐ square 정사각형
- ☐ rectangle 직사각형
- ☐ diamond 마름모
- ☐ pentagon 오각형
- ☐ circle 원
- ☐ oval 타원형
- ☐ cube 정육면체
- ☐ sphere 구, 공 모양
- ☐ cone 원뿔
- ☐ cylinder 원통형
- ☐ pyramid 피라미드
- ☐ ring 반지 모양
- ☐ star 별 모양
- ☐ heart 하트 모양

신체 body

- ☐ head 머리
- ☐ hair 머리칼
- ☐ forehead 이마
- ☐ face 얼굴
- ☐ eyebrow 눈썹
- ☐ eye 눈
- ☐ ear 귀
- ☐ nose 코
- ☐ cheek 볼, 뺨
- ☐ mouth 입
- ☐ tooth 이
- ☐ lip 입술
- ☐ tongue 혀
- ☐ chin 턱
- ☐ neck 목
- ☐ shoulder 어깨
- ☐ chest 가슴
- ☐ stomach 배
- ☐ back 등허리
- ☐ bottom 엉덩이
- ☐ arm 팔
- ☐ elbow 팔꿈치
- ☐ wrist 손목
- ☐ hand 손
- ☐ finger 손가락
- ☐ thumb 엄지손가락
- ☐ palm 손바닥
- ☐ fingernail 손톱
- ☐ leg 다리
- ☐ knee 무릎
- ☐ ankle 발목
- ☐ foot 발
- ☐ heel 발뒤꿈치
- ☐ toe 발가락

가족 family

- ☐ grandfather 할아버지
  = grandpa
- ☐ grandmother 할머니
  = grandma
- ☐ father 아버지 = daddy, dad
- ☐ mother 어머니
  = mommy, mom
- ☐ uncle 삼촌, 숙부, 고모부,
  이모부
- ☐ aunt 숙모, 고모, 이모
- ☐ brother 형, 오빠, 남동생
- ☐ sister 누나, 언니, 여동생
- ☐ cousin 사촌 형제
- ☐ son 아들
- ☐ daughter 딸
- ☐ grandson 손자
- ☐ granddaughter 손녀
- ☐ grandchild 손자, 손녀
- ☐ baby 아기
- ☐ nephew 남조카
- ☐ niece 여조카

집 house

- ☐ living room 거실
- ☐ bedroom 침실
- ☐ kitchen 주방
- ☐ dining room 식당
- ☐ bathroom 화장실
- ☐ attic 다락방
- ☐ yard 마당
- ☐ gate 대문
- ☐ fence 담, 울타리
- ☐ garden 정원
- ☐ upstairs 위층
- ☐ downstairs 아래층
- ☐ basement 지하실
- ☐ roof 지붕
- ☐ chimney 굴뚝
- ☐ ceiling 천장
- ☐ wall 벽
- ☐ floor 마루, 바닥
- ☐ door 문
- ☐ window 창문
- ☐ stairs 계단
- ☐ garage 차고
- ☐ car 자동차
- ☐ bicycle 자전거
- ☐ tricycle 세발자전거
- ☐ lawn mower 잔디깎기

거실 living room

- ☐ picture 그림
- ☐ curtain 커튼
- ☐ shade 햇빛가리개
- ☐ blind 블라인드
- ☐ vase 꽃병
- ☐ vacuum cleaner
  진공청소기
- ☐ washer 세탁기
  = washing machine

- bookcase 책장
- switch 전기스위치
- shelf 선반
- TV 텔레비전
- VCR 비디오
- stereo system 오디오
  = sound system
- couch 소파 = sofa
- armchair 안락의자
- light 전등
- telephone 전화
- coffee table 탁자
- piano 피아노
- rug 양탄자
- lamp 전등
- fan 선풍기
- air conditioner 에어컨
- flashlight 회중전등
  = torch
- iron 다리미
- candle 양초
- match 성냥
- pig bank 돼지저금통
- newspaper 신문
- magazine 잡지

침실 bedroom

- closet 벽장
- wardrobe 옷장
- hanger 옷걸이
- bed 침대
- blanket 담요
- pillow 베개
- sheet 시트
- slipper 슬리퍼
- CD-player CD플레이어
- cassette player
  카세트 플레이어

- computer 컴퓨터
- monitor 모니터
- keyboard 자판
- mouse 마우스
- printer 프린터
- alarm clock 자명종시계
- toy chest 장난감상자
- puppet 꼭두각시인형
- ball 공
- dice 주사위
- toy 장난감
- jump rope 줄넘기
- balloon 풍선
- teddy bear 곰인형
- doll 인형
- yo-yo 요요
- magnet 자석
- puzzle 그림맞추기
  = jigsaw puzzle
- whistle 호루라기
- top 팽이
- blocks 블록
- drum 북
- marble 구슬

화장실 bathroom

- sink 세면대
- bathtub 욕조
- shower 샤워기
- tap 수도꼭지 = faucet
- perfume 향수
- toilet 변기
- bath mat 매트
- mirror 거울
- shampoo 샴푸
- toilet paper 화장지
- body lotion 바디로션
- toothpaste 치약

- toothbrush 칫솔
- soap 비누
- towel 수건
- comb 빗
- rinse 린스

주방 kitchen

- table 식탁
- chair 의자
- refrigerator 냉장고
- freezer 냉동고
- kitchen sink 싱크대
- cupboard 찬장
- microwave oven
  전자레인지
- range 가스레인지 = stove
- garbage can
  쓰레기 통 = waste bin
- sponge 스펀지
- blender 믹서
- toaster 토스터
- kettle 주전자
- opener 병따개
- spoon 숟가락
- fork 포크
- knife 칼
- frying pan 프라이팬
- pot 냄비
- glass 유리컵
- cup 컵
- saucer 잔받침
- mug 머그잔
- dish 접시 = plate
- dish towel 행주
- apron 앞치마
- bowl 그릇, 사발
- can 통조림 캔
- bottle 병

- ☐ butter 버터
- ☐ milk 우유
- ☐ flour 밀가루
- ☐ sugar 설탕
- ☐ salt 소금
- ☐ cheese 치즈
- ☐ egg 달걀
- ☐ cereal 시리얼
- ☐ juice 주스
- ☐ jam 잼
- ☐ bread 빵

색깔 color

- ☐ red 빨강
- ☐ orange 주황
- ☐ yellow 노랑
- ☐ green 초록
- ☐ blue 파랑
- ☐ purple 보라
- ☐ brown 갈색
- ☐ light blue 하늘색
- ☐ light green 연녹색
- ☐ black 검정색
- ☐ white 흰색
- ☐ gray 회색
- ☐ pink 분홍
- ☐ violet 제비꽃색
- ☐ tan 황갈색
- ☐ navy blue 감청색
- ☐ sky blue 하늘색

교실 classroom

- ☐ teacher 선생님
- ☐ student 학생
- ☐ board 칠판
- ☐ flag 깃발
- ☐ bulletin board 게시판
- ☐ globe 지구본
- ☐ map 지도
- ☐ calendar 달력
- ☐ wastepaper basket 휴지통
- ☐ desk 책상
- ☐ chair 의자
- ☐ pencil sharpener 연필깎이
- ☐ eraser 지우개
- ☐ rubber 고무지우개
- ☐ chalk 분필
- ☐ calculator 계산기
- ☐ ruler 자
- ☐ pen 펜
- ☐ pencil 연필
- ☐ pencil case 필통
- ☐ book 책
- ☐ textbook 교과서
- ☐ notebook 공책
- ☐ crayon 크레용
- ☐ glue 접착제
- ☐ paste 풀
- ☐ scissors 가위
- ☐ paper 종이
- ☐ easel 이젤
- ☐ paintbrush 그림붓
- ☐ paint 물감

동물원 zoo

- ☐ animal 동물
- ☐ fox 여우
- ☐ wolf 늑대
- ☐ deer 사슴
- ☐ camel 낙타
- ☐ ostrich 타조
- ☐ giraffe 기린
- ☐ elephant 코끼리
- ☐ zebra 얼룩말
- ☐ hippo 하마 = hippopotamus
- ☐ lion 사자
- ☐ tiger 호랑이
- ☐ bear 곰
- ☐ koala 코알라
- ☐ panda 판다
- ☐ gorilla 고릴라
- ☐ kangaroo 캥거루
- ☐ monkey 원숭이
- ☐ tortoise 육지거북
- ☐ snake 뱀
- ☐ crocodile 악어
- ☐ cheetah 치타
- ☐ leopard 표범
- ☐ rhino 코뿔소 = rhinoceros
- ☐ squirrel 다람쥐
- ☐ rabbit 토끼
- ☐ hamster 햄스터
- ☐ iguana 이구아나
- ☐ frog 개구리
- ☐ whale 고래
- ☐ dolphin 돌고래
- ☐ turtle 바다거북
- ☐ penguin 펭귄
- ☐ seal 물개
- ☐ crab 게
- ☐ shark 상어
- ☐ octopus 낙지
- ☐ squid 오징어
- ☐ lobster 바다가재
- ☐ shrimp 새우
- ☐ horse 말
- ☐ pig 돼지
- ☐ sheep 양
- ☐ lamb 새끼 양
- ☐ goat 염소
- ☐ shell 조개
- ☐ bird 새

- ☐ **bat** 박쥐
- ☐ **crow** 까마귀
- ☐ **parrot** 앵무새
- ☐ **swan** 백조
- ☐ **sea gull** 갈매기
- ☐ **swallow** 제비
- ☐ **peacock** 공작
- ☐ **pigeon** 비둘기 = dove
- ☐ **duck** 오리
- ☐ **hen** 암탉
- ☐ **cock** 수탉 = rooster
- ☐ **chicken** 병아리
- ☐ **dog** 개
- ☐ **butterfly** 나비
- ☐ **ant** 개미
- ☐ **spider** 거미
- ☐ **dragonfly** 잠자리
- ☐ **caterpillar** 쐐기 애벌레
- ☐ **bee** 벌
- ☐ **ladybird** 무당벌레 = ladybug
- ☐ **worm** 벌레
- ☐ **cow** 소
- ☐ **calf** 송아지
- ☐ **puppy** 강아지
- ☐ **cat** 고양이
- ☐ **kitten** 새끼 고양이
- ☐ **mouse** 생쥐
- ☐ **rat** 쥐

공원 park

- ☐ **flower** 꽃
- ☐ **tree** 나무
- ☐ **grass** 잔디
- ☐ **bench** 벤치
- ☐ **fountain** 분수
- ☐ **rest rooms** 화장실
- ☐ **drinking fountain** 분수식 수도
- ☐ **playground** 운동장
- ☐ **seesaw** 시소
- ☐ **swing** 그네
- ☐ **merry-go-round** 회전목마
- ☐ **slide** 미끄럼틀
- ☐ **sand box** 모래터
- ☐ **hopscotch** 돌차기 놀이
- ☐ **hide and seek** 술래잡기
- ☐ **jump rope** 줄넘기
- ☐ **tricycle** 세발자전거
- ☐ **bicycle** 자전거
- ☐ **volleyball** 배구공
- ☐ **basketball** 농구공
- ☐ **helmet** 헬멧
- ☐ **football** 축구공
- ☐ **baseball bat** 야구방망이
- ☐ **baseball** 야구공
- ☐ **mitt** 포수용 야구장갑
- ☐ **glove** 야구장갑
- ☐ **kite** 연
- ☐ **model airplane** 모형비행기
- ☐ **skateboard** 스케이트보드
- ☐ **roller skate** 롤러스케이트
- ☐ **roller blade** 롤러블레이드

계절 season / 날씨 weather

- ☐ **season** 계절
- ☐ **spring** 봄
- ☐ **summer** 여름
- ☐ **fall** 가을 = autumn
- ☐ **winter** 겨울
- ☐ **hot** 더운
- ☐ **warm** 따뜻한
- ☐ **cool** 선선한
- ☐ **chilly** 으스스한
- ☐ **cold** 추운
- ☐ **freezing** 어는, 몹시 추운
- ☐ **weather** 날씨, 기후
- ☐ **sunny** 화창한, 맑게 갠
- ☐ **clear** 맑은
- ☐ **cloudy** 흐린, 구름 낀
- ☐ **wet** 축축한, 비 내리는
- ☐ **drizzly** 가랑비 내리는
- ☐ **rainy** 비가 오는
- ☐ **windy** 바람 부는
- ☐ **stormy** 폭풍우가 부는
- ☐ **snowy** 눈이 내리는
- ☐ **sleety** 진눈깨비가 오는
- ☐ **foggy** 안개가 자욱한
- ☐ **shower** 소나기
- ☐ **lightning** 번개
- ☐ **thunder** 천둥, 천둥치다
- ☐ **rain** 비, 비가 오다
- ☐ **drizzle** 이슬비, 이슬비가 내리다
- ☐ **snow** 눈, 눈이 오다
- ☐ **sleet** 진눈깨비, 진눈깨비가 오다
- ☐ **cloud** 구름

도시 city

- ☐ **highway** 간선도로
- ☐ **freeway** 고속도로
- ☐ **tunnel** 터널
- ☐ **bridge** 다리
- ☐ **airport** 공항
- ☐ **harbor** 항구
- ☐ **train station** 기차역
- ☐ **subway station** 지하철역
- ☐ **bus terminal** 버스터미널
- ☐ **bus stop** 버스정류장
- ☐ **taxi stand** 택시승차장
- ☐ **overhead bridge** 육교
- ☐ **underpass** 지하도

- intersection 교차로
- parking lot 주차장
- sidewalk 인도, 보도
- street 차도, 거리
- crosswalk 횡단보도
- steps 계단
- road sign 거리표지판
- trash can 쓰레기통
- corner 길모퉁이
- street light 가로등
- mailbox 우체통
- traffic light 신호등
- telephone booth 공중전화부스
- library 도서관
- school 학교
- bank 은행
- park 공원
- fire station 소방서
- office building 사무실 빌딩
- post office 우체국
- police station 경찰서
- hospital 병원
- hotel 호텔
- movie theater 영화관
- museum 박물관
- gas station 주유소 = service station
- department store 백화점
- supermarket 슈퍼마켓
- convenience store 편의점
- discount store 할인점
- newsstand 신문가판대
- street vendor 노점상
- bakery 제과점
- barber shop 이발소
- child-care center 육아원
- cleaners 세탁소 = dry cleaners
- coffee shop 다방
- drug store 잡화점
- pharmacy 약국
- florist shop 꽃가게 = flower shop
- grocery store 식료품점
- hair salon 미용실
- hardware store 철물점
- ice cream shop 아이스크림 가게
- book store 책방
- fast food restaurant 간이식품점
- music store 음반판매점
- pet shop 애완동물 가게
- restaurant 음식점
- shoe store 제화점
- toy store 장난감 가게
- video store 비디오 가게
- eyeglass store 안경점 = vision center

교통수단 transportation

- bus 버스
- truck 트럭
- taxi 택시
- train 기차, 열차
- subway 지하철
- limousine 리무진
- helicopter 헬리콥터
- airplane 비행기
- van 승합차
- car 승용차
- boat 보트
- shuttle bus 셔틀버스
- ship 배, 선박
- motorcycle 오토바이
- fire engine 소방차
- ambulance 구급차
- police car 경찰차
- submarine 잠수함

과일 fruits / 야채 vegetables

- fruit 과일
- vegetable 채소
- cherry 체리
- tomato 토마토
- strawberry 딸기
- watermelon 수박
- pineapple 파인애플
- apple 사과
- pear 배
- orange 오렌지
- peach 복숭아
- lemon 레몬
- banana 바나나
- potato 감자
- celery 샐러리
- bean 콩
- pumpkin 호박
- mushroom 버섯
- eggplant 가지
- cabbage 양배추
- grape 포도
- carrot 당근
- lettuce 상추
- corn 옥수수
- green pepper 피망
- onion 양파
- cucumber 오이
- spinach 시금치
- broccoli 브로콜리
- garlic 마늘
- chili 칠리고추

옷 clothes

- ☐ clothes 옷, 의류
- ☐ coat 외투
- ☐ suit 옷 한 벌
- ☐ dress 의복, 드레스
- ☐ jacket 재킷
- ☐ sweater 스웨터
- ☐ vest 조끼
- ☐ blouse 블라우스
- ☐ T-shirt T셔츠
- ☐ shirt 셔츠
- ☐ jeans 청바지 = blue jeans
- ☐ pants 바지
- ☐ shorts 반바지
- ☐ skirt 치마
- ☐ swimsuit 수영복
- ☐ underwear 속옷
- ☐ sweatshirt 운동복
- ☐ raincoat 비옷

장신구 personal ornaments

- ☐ boots 부츠
- ☐ sneakers 운동화
- ☐ shoes 신발
- ☐ stockings 스타킹
- ☐ socks 양말
- ☐ tie 넥타이
- ☐ handkerchief 손수건
- ☐ belt 벨트
- ☐ wallet 지갑
- ☐ change purse 동전지갑
- ☐ purse 손가방 = handbag
- ☐ shoulder bag 배낭
- ☐ book bag 책가방
- ☐ backpack 등에 매는 가방
- ☐ umbrella 우산
- ☐ watch 손목시계 = wrist watch
- ☐ ring 반지
- ☐ earings 귀걸이
- ☐ necklace 목걸이
- ☐ sunglasses 선글라스
- ☐ key chain 열쇠고리 = key ring

직업 occupation

- ☐ farmer 농부
- ☐ fisherman 어부
- ☐ teacher 교사
- ☐ doctor 의사
- ☐ nurse 간호사
- ☐ dentist 치과의사
- ☐ factory-worker 공장 근로자
- ☐ office-worker 사무직 근로자
- ☐ reporter 기자
- ☐ lawyer 변호사
- ☐ pilot 비행기 조종사
- ☐ stewardess 스튜어디스
- ☐ postman 우편배달부
- ☐ police officer 경찰관
- ☐ fire fighter 소방수
- ☐ soldier 군인
- ☐ scientist 과학자
- ☐ bank teller 은행원
- ☐ actor 배우
- ☐ actress 여배우
- ☐ artist 미술가
- ☐ secretary 비서
- ☐ salesperson 판매원
- ☐ taxi driver 택시기사
- ☐ bus driver 버스운전기사
- ☐ barber 이발사
- ☐ butcher 정육점 주인
- ☐ cook 요리사
- ☐ hairdresser 미용사
- ☐ housekeeper 파출부
- ☐ waiter 웨이터, 급사
- ☐ waitress 웨이트리스, 여급사
- ☐ janitor 수위

음식 food

- ☐ hot dog 핫도그
- ☐ sandwich 샌드위치
- ☐ hamburger 햄버거
- ☐ french fries 감자튀김
- ☐ pizza 피자
- ☐ chicken 닭고기
- ☐ spaghetti 스파게티
- ☐ meatball 미트볼
- ☐ steak 스테이크
- ☐ fish 생선
- ☐ rice 쌀밥
- ☐ potatoes 감자
- ☐ egg 달걀
- ☐ salad 샐러드
- ☐ cake 케이크
- ☐ soup 수프
- ☐ ketchup 케첩
- ☐ mustard 겨자
- ☐ salt 소금
- ☐ pepper 후추
- ☐ drink 음료
- ☐ soda 탄산음료
- ☐ bread 빵
- ☐ coke 콜라
- ☐ tea 홍차
- ☐ coffee 커피
- ☐ juice 주스
- ☐ water 물
- ☐ milk 우유
- ☐ jelly 젤리
- ☐ ice cream 아이스크림
- ☐ candy 사탕
- ☐ chocolate 초콜릿
- ☐ peanut 땅콩

천체 heavenlybody / 자연 nature

- ☐ universe 우주
- ☐ sun 태양
- ☐ moon 달
- ☐ star 별
- ☐ Mercury 수성
- ☐ Venus 금성
- ☐ Earth 지구
- ☐ Mars 화성
- ☐ Jupiter 목성
- ☐ Saturn 토성
- ☐ satellite 인공위성
- ☐ astronaut 우주비행사
- ☐ rocket 로켓
- ☐ space shuttle 우주왕복선
- ☐ U.F.O. 미확인 비행물체
- ☐ nature 자연
- ☐ sky 하늘
- ☐ land 육지
- ☐ sea 바다
- ☐ field 들판
- ☐ hill 언덕
- ☐ mountain 산
- ☐ forest 숲
- ☐ valley 계곡
- ☐ cliff 절벽
- ☐ island 섬
- ☐ beach 해안
- ☐ river 강
- ☐ stream 시내, 개울
- ☐ lake 호수
- ☐ pond 연못
- ☐ waterfall 폭포
- ☐ rock 바위
- ☐ animal 동물
- ☐ plant 식물
- ☐ fish 물고기
- ☐ bird 새
- ☐ tree 나무
- ☐ leaf 나뭇잎
- ☐ flower 꽃
- ☐ cloud 구름
- ☐ rain 비
- ☐ snow 눈
- ☐ wind 바람
- ☐ wave 파도
- ☐ air 공기
- ☐ water 물
- ☐ ice 얼음

학과목 subject

- ☐ art 미술
- ☐ mathematics 수학
- ☐ English 영어
- ☐ French 불어
- ☐ Spanish 스페인어
- ☐ chemistry 화학
- ☐ biology 생물
- ☐ geography 지리
- ☐ history 역사
- ☐ music 음악
- ☐ law 법
- ☐ physical education 체육
- ☐ science 과학
- ☐ Korean 국어
- ☐ physics 물리
- ☐ economics 경제

스포츠 sports

- ☐ baseball 야구
- ☐ softball 소프트볼
- ☐ basketball 농구
- ☐ American football 미식축구
- ☐ volleyball 배구
- ☐ handball 핸드볼
- ☐ soccer 축구
- ☐ skiing 스키
- ☐ skating 스케이팅
- ☐ swimming 수영
- ☐ jogging 조깅
- ☐ cycling 사이클링
- ☐ bowling 볼링
- ☐ golf 골프
- ☐ tennis 테니스
- ☐ squash 스쿼시
- ☐ hockey 하키
- ☐ table tennis 탁구 = ping pong
- ☐ badminton 배드민턴
- ☐ boxing 권투
- ☐ wrestling 레슬링

병의 증상 sickness

- ☐ headache 두통
- ☐ earache 귀아픔
- ☐ toothache 치통
- ☐ stomachache 배탈
- ☐ backache 요통
- ☐ cold 감기 = flu
- ☐ fever 열, 미열
- ☐ cough 기침
- ☐ runny nose 콧물
- ☐ bloody nose 코피
- ☐ sick 멀미, 메스꺼움
- ☐ itchy 가려움
- ☐ sneeze 재채기
- ☐ cut 벤 상처
- ☐ scratch 긁힌 상처
- ☐ burn 화상
- ☐ dizzy 어지러운
- ☐ pain 아픔, 통증